Paleo Mutfağı
Yeme alışkanlıklarınızı değiştirmenin zamanı geldi

Ayhan Aslan

dizin

Rendelenmiş kök sebzeli ızgara biftekler 10

Sığır eti ve sebzeli Asya kızartması 12

Asya salatası ve tuz ile sedir filetosu 14

Karnabahar Pepperonata ile Izgara Üç Uçlu Biftek 17

Mantar Dijon soslu yassı biftek au poivre 19

biftek 19

Sos   19

Karamelize soğan ve salsa ile ızgara biftek 22

biftek 22

salsa salatası 22

Karamelize edilmiş soğanlar 23

Bitkisel soğan ve sarımsaklı tereyağı ile ızgara kaburga 25

Izgara pancarlı antrikot salatası 27

Tavada kızartılmış zencefilli lahana ile Kore usulü kaburga 29

Narenciye rezene gremolata ile dana kısa kaburga 32

pirzola 32

Fırınlanmış kabak 32

Gremolata 32

Dereotu ve salatalık hardal salatası ile İsveç usulü sığır köftesi 35

salatalık salatası 35

sığır köftesi 35

Kavrulmuş kök sebzeli roka üzerinde haşlanmış dana burger 39

Susam kabuğunda domatesli ızgara dana burger 42

Baba ghanoush soslu çubuk burger 45

Füme biber dolması 47

Cabernet soğan ve roka ile bizon burger 50

Pazı ve tatlı patates üzerinde bizon ve kuzu eti 53

Frenk Üzümü Elma Püresi ve Pappardelle Kabak ile Bizon Köfte 56

köfteler 56

Elma ve frenk üzümü sosu 56

kabak pappardelle 57

Kavrulmuş sarımsaklı spagetti ile bizon ve porcini Bolognese 59
Bison Chili con Carne 62
Izgara limonlu Fas baharatlı bizon bifteği 64
Herbes de Provence rendelenmiş bizon 66
Mandalina gremolata ve kereviz kökü püresi ile kahvede kavrulmuş bizon kısa kaburga 68
turşusu 68
boğulma 68
Dana kemik çorbası 71
Baharatlar ve baharatlı tatlı patates ile Tunus domuz omzu 73
domuz eti 73
kızartma 73
Küba Izgara Domuz Omuz 76
sebzeli İtalyan baharatlı rendelenmiş domuz rostosu 79
Yavaş bir tencerede domuz eti bonfile 81
Kimyon Baharatlı Domuz Eti ve Kabak Güveç 84
Brendi soslu meyve dolgulu fileto 86
kavrulmuş et 86
brendi sosu 86
Porchetta usulü kızarmış domuz eti 89
Tomatillo Kızarmış domuz filetosu 91
Kayısı ile doldurulmuş domuz filetosu 94
Ot kabuğu ve çıtır sarımsak yağı ile domuz filetosu 96
Hindistan cevizi soslu Hint baharatlı domuz eti 98
Baharatlı elma ve kestane ile domuz escalopini 99
Domuz Fajita Kızartma 102
Porto şarabı ve erik ile domuz filetosu 104
Salamura sebzeli salata kasesinde Moo Shu usulü domuz eti 106
Turşuluk sebzeler 106
domuz eti 106
Macadamia fıstığı, adaçayı, incir ve tatlı patates püresi ile domuz pirzolası 108
Üzüm ve kavrulmuş ceviz ile biberiye ve lavanta ile kavrulmuş domuz pirzolası . 110
Domuz pirzolası alla Fiorentina, ızgara brokoli soslu 112
Sarımsak püresi ile kızarmış hindi 116
Pesto sos ve roka ile doldurulmuş hindi göğsü 119

Baharatlı hindi göğsü, vişneli barbekü sos ile 121

Şarapta kızarmış hindi filetosu 123

Frenk soğanı karides soslu kavrulmuş hindi göğsü 126

Kök sebzeli haşlanmış hindi budu 128

Karamelize Soğan Ketçap ve Kavrulmuş Lahana Dilimleri ile Otlu Hindi Ekmeği . 130

türkiye posole 132

tavuk kemiği çorbası 134

Yeşil Harissa Somonu 138

Somon 138

harissa 138

Baharatlı ayçiçeği tohumları 139

salata 139

Marine edilmiş enginar salatası ile ızgara somon 142

Fırında Şili Adaçayı Somonu, Yeşil Domates Salsa ile 144

Somon 144

Yeşil domates salsa 144

Papillote fırında somon ve kuşkonmaz limonlu fındık pesto ile 147

Mantarlı elma soslu terbiyeli somon 149

Jülyen doğranmış sebzeli taban en paillote 152

Füme limon kremalı roka pesto balık tacos 154

Badem kabuklu taban 156

Baharatlı mango ve fesleğen soslu ızgara morina ve kabak paketleri 159

Pesto ile doldurulmuş domatesli Riesling'de haşlanmış morina balığı 161

Ezilmiş tatlı patateslerin üzerine antep fıstığı ve kişniş kabuğu ile fırınlanmış
morina balığı 163

Biberiyeli morina balığı ve kavrulmuş brokoli ile mandalina 165

Körili morina salatası turp turşusu ile sarar 167

Limon ve rezene ile kızarmış mezgit balığı 169

Ceviz Kabuklu Cajun Yahni Tartar Sos, Bamya ve Domates ile 171

Avokado-limon aïoli ile tarhun ton balığı köftesi 174

Çizgili levrek tagine 178

Sarımsaklı soslu pisi balığı, karides ve sofrito sebzeli 180

Deniz ürünleri bulyon 183

Klasik karides ceviche 186

Hindistan cevizi kabuğu ve karidesli ıspanak salatası 189

Tropikal Karides ve Tarak Ceviche 191
Avokado yağı ile Jamaika pislik karides 193
Solmuş ıspanaklı ve turplu karides 194
Avokado, greyfurt ve jicama ile yengeç salatası 196
Cajun ıstakoz kuyruğu tarhun aioli ile pişirilir 198
Safran Aïoli ile Midye Kızartması 200
yaban havucu kızartması 200
safranlı aioli 200
kabuklar 200
Pancar aromalı fırında deniz tarağı 203
Salatalık Dereotu Salsa ile Kurutulmuş Deniz Tarağı 206
Fırında deniz tarağı, domates, zeytinyağı ve ot sos ile 209
Tarak ve sos 209
salata 209
Rezene ve arpacık soğan ile kimyonda pişmiş karnabahar 211
Spagetti kabağı ile gevrek domates ve patlıcan sosu 214
Doldurulmuş Portobello Mantar 216
Kızarmış turp 218

RENDELENMIŞ KÖK SEBZELI IZGARA BIFTEKLER

HAZIRLIK:20 dakika Dinlenme: 20 dakika Izgara: 10 dakika Dinlenme: 5 dakika Yapılış: 4 porsiyon

ŞERIT BIFTEKLERIN ÇOK YUMUŞAK BIR DOKUSU VARDIR,VE BIFTEĞIN BIR TARAFINDAKI KÜÇÜK BIR YAĞ ÇIZGISI IZGARADA ÇITIR ÇITIR VE DUMANLI HALE GELIR. HAYVANSAL YAĞ HAKKINDAKI DÜŞÜNCELERIM ILK KITABIMDAN BU YANA DEĞIŞTI. PALEO DIYETININ TEMEL ILKELERINE SADIK KALMAK VE DOYMUŞ YAĞLARI GÜNLÜK KALORILERINIZIN YÜZDE 10 ILA 15'INDE TUTMAK KALP HASTALIĞI RISKINIZI ARTIRMAZ, HATTA TAM TERSI OLABILIR. YENI BILGILER, ARTAN LDL KOLESTEROLÜNÜN ASLINDA KALP HASTALIĞI IÇIN BIR RISK FAKTÖRÜ OLAN SISTEMIK INFLAMASYONU AZALTABILECEĞINI DÜŞÜNDÜRMEKTEDIR.

- 3 yemek kaşığı sızma zeytinyağı
- 2 yemek kaşığı rendelenmiş taze yaban turpu
- 1 tatlı kaşığı ince kıyılmış portakal kabuğu
- ½ çay kaşığı öğütülmüş kimyon
- ½ çay kaşığı karabiber
- Yaklaşık 1 cm kalınlığında kesilmiş 4 şerit biftek (sığır filetosu da denir)
- 2 orta boy yaban havucu, soyulmuş
- 1 büyük tatlı patates, soyulmuş
- 1 orta boy şalgam, soyulmuş
- 1 veya 2 arpacık soğan, ince kıyılmış
- 2 diş sarımsak, doğranmış
- 1 yemek kaşığı kıyılmış taze kekik

1. Küçük bir kapta 1 yemek kaşığı yağ, yaban turpu, portakal kabuğu rendesi, kimyon ve ¼ çay kaşığı biberi karıştırın. Karışımı bifteklerin üzerine yayın; örtün ve 15 dakika oda sıcaklığında bekletin.

2. Bu arada, haşlama için yaban havucu, tatlı patates ve şalgamı bir rende veya parçalama bıçağı olan bir mutfak robotu kullanarak doğrayın. Doğranmış sebzeleri büyük bir kaseye koyun; Arpacık ekleyin. Küçük bir kapta kalan 2 yemek kaşığı yağı, kalan ¼ çay kaşığı biber, sarımsak ve kekiği birleştirin. sebzelerin üzerine gezdirin; iyice karıştırmak için karıştırın. 18 × 18 inçlik folyonun kalınlığını iki katına çıkarmak için 36 × 18 inçlik bir ağır hizmet folyosunu ikiye katlayın. Sebze karışımını folyonun ortasına yerleştirin. Folyonun karşıt kenarlarını çift kat ile tutturun ve yapıştırın. Kalan kenarları sebzeleri tamamen kaplayacak şekilde katlayın ve buhar için yer bırakın.

3. Kömürlü veya gazlı ızgara için, biftekleri ve folyo paketleri doğrudan orta-yüksek ateşte ızgara rafına yerleştirin. Biftekleri örtün ve orta sıcaklıkta (145°F) 10 ila 12 dakika veya orta sıcaklıkta (160°F) 12 ila 15 dakika pişirin. Pişirmenin yarısında bir kez çevirin. 10 ila 15 dakika veya sebzeler yumuşayana kadar ızgara yapın. Sebzeler pişerken biftekleri 5 dakika bekletin. Sebze haşlamasını dört servis tabağına paylaştırın; Biftek ile doldurun.

SIĞIR ETI VE SEBZELI ASYA KIZARTMASI

HAZIRLIK:30 dakika pişirin: 15 dakika yapın: 4 porsiyon

BEŞ BAHARAT TOZU, TUZSUZ BIR BAHARAT KARIŞIMIDIR.ÇIN MUTFAĞINDA SIKLIKLA KULLANILIR. EŞIT MIKTARDA ÖĞÜTÜLMÜŞ TARÇIN, KARANFIL, REZENE TOHUMU, YILDIZ ANASON VE SICHUAN KARABIBERLERINDEN YAPILIR.

- 1½ pound kemiksiz dana bonfile veya kemiksiz yuvarlak biftek, 1 inç kalınlığında dilimlenmiş
- 1½ çay kaşığı beş baharat tozu
- 3 yemek kaşığı rafine hindistan cevizi yağı
- 1 küçük kırmızı soğan, ince dilimlenmiş
- 1 küçük demet kuşkonmaz (yaklaşık 12 ons), kırpılmış ve 3 inçlik parçalar halinde kesilmiş
- 1½ su bardağı turuncu ve/veya sarı havuç, jülyen doğranmış
- 4 diş sarımsak, doğranmış
- 1 tatlı kaşığı ince kıyılmış portakal kabuğu
- ¼ su bardağı taze portakal suyu
- ¼ bardak sığır kemik suyu (bkz.<u>yemek tarifi</u>) veya ilave tuz içermeyen et suyu
- ¼ fincan beyaz sirke
- ¼ ila ½ çay kaşığı ezilmiş kırmızı biber
- 8 su bardağı iri kıyılmış Napa lahana
- ½ fincan tuzsuz şerit badem veya tuzsuz kaju fıstığı, iri kıyılmış, kızartılmış (bkz. İpucu, sayfa 57)

1. İstenirse, daha kolay dilimlemek için sığır etini kısmen dondurun (yaklaşık 20 dakika). Sığır eti çok ince dilimler halinde kesin. Büyük bir kapta, sığır eti ve beş baharat tozunu birleştirin. Büyük bir wok veya çok büyük tavada 1 yemek kaşığı hindistancevizi yağını orta-yüksek ateşte ısıtın. Sığır etinin yarısını ekleyin; pişirin ve 3 ila 5 dakika veya kızarana kadar karıştırın. Sığır eti bir kaseye koyun. Kalan sığır eti ve 1 yemek kaşığı yağ ile tekrarlayın. Sığır eti, diğer pişmiş sığır eti ile birlikte kaseye ekleyin.

2. Kalan 1 çorba kaşığı yağı aynı tavaya ekleyin. soğan ekleyin; kaynatın ve 3 dakika karıştırın. Kuşkonmaz ve havuç ekleyin; 2 ila 3 dakika veya sebzeler gevrekleşinceye kadar pişirin ve karıştırın. Sarımsak ekleyin; pişirin ve 1 dakika daha karıştırın.

3. Sos için portakal kabuğu rendesi, portakal suyu, dana kemik suyu, sirke ve pul biberi küçük bir kapta karıştırın. Sosu wok içindeki sebzelere ve kasedeki tüm dana etlerini suyuyla birlikte ekleyin. Pişirin ve 1 ila 2 dakika veya tamamen ısınana kadar karıştırın. Oluklu bir kaşık kullanarak, sığır eti sebzelerini büyük bir kaseye ekleyin. Sıcak tutmak için örtün.

4. Sosu üstü açık olarak orta-yüksek ateşte 2 dakika pişirin. lahana ekleyin; pişirin ve 1 ila 2 dakika veya lahana soluncaya kadar karıştırın. Lahanayı ve pişirme suyunu dört servis tabağına paylaştırın. Sığır eti karışımının üzerine eşit olarak dökün. Fındık serpin.

ASYA SALATASI VE TUZ ILE SEDIR FILETOSU

SULAMA:1 saat Hazırlanışı: 40 dakika Izgara: 13 dakika Ayakta: 10 dakika Yapılışı: 4 porsiyon.

NAPA LAHANASINA BAZEN ÇIN LAHANASI DENIR. PARLAK SARI-YEŞIL UÇLU GÜZEL, KREMSI YAPRAKLARI VARDIR. YUVARLAK LAHANANIN MUMSU YAPRAKLARINDAN ÇOK FARKLI OLAN NARIN, HAFIF BIR TADI VE DOKUSU VARDIR VE ŞAŞIRTICI OLMAYAN BIR ŞEKILDE ASYA YEMEKLERINDE DOĞALDIR.

1 büyük sedir tahtası
¼ ons kurutulmuş shiitake mantarı
¼ su bardağı ceviz yağı
2 çay kaşığı kıyılmış taze zencefil
2 çay kaşığı öğütülmüş kırmızı biber
1 çay kaşığı ezilmiş Szechuan biberi
¼ çay kaşığı beş baharat tozu
4 diş sarımsak, doğranmış
4 4 ila 5 ons sığır filetosu biftek, ¾ ila 1 inç kalınlığında dilimlenmiş
Asya lahana salatası (bkz. yemek tarifi, altında)

1. Izgara tahtasını suya yerleştirin; tartın ve en az 1 saat bekletin.

2. Bu arada, Asya sosu için, küçük bir kasede kurutulmuş shiitake mantarlarının üzerine kaynar su dökün. Yeniden nemlendirmek için 20 dakika bekleyin. Mantarları süzün ve bir mutfak robotuna koyun. Ceviz yağı, zencefil, ezilmiş kırmızı biber, Szechuan

biberi, beş baharat tozu ve sarımsağı ekleyin. Kapağını kapatıp mantarlar parçalanıp malzemeler karışana kadar pişirin. kenara koymak.

3. Izgara tahtasını boşaltın. Kömürlü bir ızgara için, orta-sıcak kömürleri ızgaranın çevresine yayın. Tahtayı doğrudan pişirme ızgarasındaki kömürlerin üzerine yerleştirin. Örtün ve 3 ila 5 dakika veya tahta çatlamaya ve duman çıkarmaya başlayana kadar ızgara yapın. Biftekleri doğrudan ızgaradaki kömürlerin üzerine yerleştirin. 3 ila 4 dakika veya kızarana kadar ızgara yapın. Biftekleri, kızartılmış tarafları yukarı gelecek şekilde bir kesme tahtasına yerleştirin. Tahtayı ızgaranın ortasına yerleştirin. Asian Slather'ı biftekler arasında bölün. Örtün ve 10 ila 12 dakika veya bifteklere yatay olarak yerleştirilen anında okunan bir termometre 130 ° F'yi gösterene kadar ızgara yapın. (Gazlı ızgara için, ızgarayı önceden ısıtın. Isıyı orta-düşük seviyeye düşürün. Süzülmüş tahtayı rafa yerleştirin; örtün ve 3 ila 5 dakika veya tahta çatırdayıp tütmeye başlayana kadar ızgara yapın. Biftekleri 3 ila 4 dakika veya ızgaraya konulana kadar ızgara yapın. Biftekleri kızartılmış tarafları yukarı gelecek şekilde tahtaya yerleştirin. Dolaylı pişirme için ızgarayı ayarlayın. Sönmüş ateşin üzerine biftek tahtasını yerleştirin. Biftekleri tereyağı ile fırçalayın. Örtün ve 10 ila 12 dakika veya bifteklere yatay olarak yerleştirilen anında okunan bir termometre 130 ° F'yi kaydedene kadar ızgara yapın.)

4. Biftekleri ızgaradan alın. Biftekleri gevşek bir şekilde folyo ile kaplayın; 10 dakika bekletin. Biftekleri ¼ inç

kalınlığında dilimler halinde kesin. Asya lahana salatası üzerinde biftek servis edin.

Asya Lahana Salatası: Büyük bir kasede 1 orta boy Napa lahanasını ince ince dilimleyin. 1 su bardağı ince kıyılmış kırmızı lahana; 2 havuç, soyulmuş ve jülyen şeritler halinde kesilmiş; 1 adet kırmızı veya sarı dolmalık biber, çekirdekleri çıkarılmış ve çok ince dilimlenmiş; İnce dilimler halinde kesilmiş 4 taze soğan; 1 ila 2 serrano şili, tohumlanmış ve dilimlenmiş (bkz.armağan); 2 yemek kaşığı kıyılmış kişniş; ve 2 yemek kaşığı kıyılmış nane. Sos için 3 yemek kaşığı taze limon suyu, 1 yemek kaşığı rendelenmiş taze zencefil, 1 diş kıyılmış sarımsak ve $\frac{1}{8}$ çay kaşığı beş baharat tozunu bir mutfak robotu veya karıştırıcıda birleştirin. Örtün ve pürüzsüz olana kadar karıştırın. İşlemci çalışırken, yavaş yavaş $\frac{1}{2}$ fincan ceviz yağı ekleyin ve pürüzsüz olana kadar karıştırın. 1 adet ince kıyılmış taze soğanı sosa ilave edin. Lahana salatası üzerine serpin ve karıştırın.

KARNABAHAR PEPPERONATA ILE IZGARA ÜÇ UÇLU BIFTEK

HAZIRLIK:25 dakika pişirin: 25 dakika pişirin: 2 porsiyon

PEPERONATA GELENEKSEL OLARAK YAVAŞ KAVRULMUŞ BIR RAGUDUR.SOĞAN, SARIMSAK VE OTLAR ILE KIRMIZI BIBER. KARNABAHAR ILE DAHA AĞIR OLAN BU HIZLI TAVADA KIZARTMA VERSIYONU, ATIŞTIRMALIK VE GARNITÜR OLARAK HIZMET EDER.

- 2 4 ila 6 ons üç uçlu biftek, ¾ ila 1 inç kalınlığında dilimlenmiş
- ¾ çay kaşığı karabiber
- 2 yemek kaşığı sızma zeytinyağı
- 2 kırmızı ve/veya sarı dolmalık biber, tohumlanmış ve dilimlenmiş
- 1 arpacık soğan, ince dilimlenmiş
- 1 çay kaşığı Akdeniz baharatı (bkz.yemek tarifi)
- 2 su bardağı küçük karnabahar çiçeği
- 2 yemek kaşığı balzamik sirke
- 2 çay kaşığı soyulmuş taze kekik

1. Biftekleri kağıt havluyla kurulayın. Biftekleri ¼ çay kaşığı karabiber serpin. Orta-yüksek ateşte büyük bir tavada 1 yemek kaşığı yağı ısıtın. Tavaya biftek ekleyin; Isıyı orta seviyeye düşürün. Biftekleri ara sıra çevirerek orta pişmiş (145°F) için 6 ila 9 dakika pişirin. (Et çok çabuk kızarırsa, ısıyı azaltın.) Biftekleri tavadan çıkarın. Sıcak tutmak için gevşek bir şekilde folyo ile örtün.

2. Pepperonata için kalan 1 çorba kaşığı yağı tavaya ekleyin. Kırmızı biber ve arpacık ekleyin. Akdeniz baharatları serpin. Ara sıra karıştırarak orta ateşte yaklaşık 5 dakika veya biberler yumuşayana kadar pişirin. Karnabahar, balzamik sirke, kekik ve kalan ½ çay kaşığı karabiberi ekleyin. Örtün ve ara sıra karıştırarak 10 ila 15 dakika veya karnabahar yumuşayana kadar pişirin. Biftekleri tavaya geri koyun. Bifteklerin üzerine pepperonata dökün. Hemen servis yapın.

MANTAR DIJON SOSLU YASSI BIFTEK AU POIVRE

HAZIRLIK:15 dakika pişirin: 20 dakika yapın: 4 porsiyon

BU MANTAR SOSLU FRANSIZ BIFTEGI30 DAKIKADAN BIRAZ DAHA UZUN BIR SÜREDE MASADA OLABILIR - BU DA ONU HIZLI BIR HAFTA IÇI AKSAM YEMEGI IÇIN HARIKA BIR SEÇIM HALINE GETIRIR.

BIFTEK
   3 yemek kaşığı sızma zeytinyağı
   1 pound küçük kuşkonmaz, kesilmiş
   4 6 ons demir biftek (kemiksiz);
   2 yemek kaşığı kıyılmış taze biberiye
   1½ çay kaşığı öğütülmüş karabiber

SOS
   8 ons dilimlenmiş taze mantar
   2 diş sarımsak, doğranmış
   ½ su bardağı dana kemik suyu (bkz.yemek tarifi)
   ¼ fincan sek beyaz şarap
   1 yemek kaşığı Dijon hardalı (bkz.yemek tarifi)

1. 1 çorba kaşığı yağı büyük bir tavada orta-yüksek ateşte ısıtın. kuşkonmaz ekleyin; Yanmayı önlemek için uçları ara sıra çevirerek 8 ila 10 dakika veya gevrek olana kadar pişirin. kuşkonmazı bir tabağa koyun; Sıcak tutmak için folyo ile örtün.

2. Biftekleri biberiye ve karabiber serpin; parmaklarınızla ovun. Aynı tavada kalan 2 yemek kaşığı yağı orta-yüksek ateşte ısıtın. Biftekleri ekleyin; Isıyı orta

seviyeye düşürün. Eti ara sıra çevirerek orta (145°F) 8 ila 12 dakika pişirin. (Et çok çabuk kızarırsa, ısıyı azaltın.) Eti tavadan alın ve damlamaları ayırın. Biftekleri sıcak tutmak için folyo ile hafifçe örtün.

3. Sos için mantarları ve sarımsağı tavaya ekleyin. ara sıra karıştırarak yumuşayana kadar pişirin. Et suyu, şarap ve Dijon hardalı ekleyin. Orta-yüksek ateşte pişirin, tavanın altındaki kızartılmış parçaları kazıyın. kaynamak; 1 dakika daha pişmesine izin verin.

4. Kuşkonmazı dört tabağa bölün. biftek üstü; Sosu bifteklerin üzerine dökün.

*Not: 6 onsluk yassı biftek bulamazsanız, iki adet 8-12 onsluk biftek alın ve dört biftek yapmak için ikiye bölün.

KARAMELIZE SOĞAN VE SALSA ILE IZGARA BIFTEK

HAZIRLIK: Marine etme 30 dakika: Pişirme 2 saat: Soğutma 20 dakika: Izgara 20 dakika: Hazırlama 45 dakika: 4 kişilik

YASSI DEMIR BIFTEK NISPETEN YENIDIRCUT SADECE BIRKAÇ YIL ÖNCE GELIŞTIRILDI. KABURGAYA YAKIN IÇ AYAĞIN LEZZETLI KISMINDAN KESILMIŞ, ŞAŞIRTICI DERECEDE YUMUŞAK VE TADI OLDUĞUNDAN ÇOK DAHA PAHALI - POPÜLARITESINDEKI HIZLI ARTIŞIN MUHTEMELEN SORUMLUSU BU.

BIFTEK

- ⅓ su bardağı taze limon suyu
- ¼ su bardağı sızma zeytinyağı
- ¼ bardak iri kıyılmış kişniş
- 5 diş sarımsak, doğranmış
- 4 6 ons yassı demir biftek (kemiksiz)

SALSA SALATASI

- 1 (İngiliz) çekirdeksiz salatalık (istenirse soyulmuş), doğranmış
- 1 su bardağı dörde bölünmüş üzüm domates
- ½ fincan dilimlenmiş kırmızı soğan
- ½ su bardağı iri kıyılmış kişniş
- 1 poblano şili, çekirdekleri çıkarılmış ve doğranmış (bkz. armağan)
- 1 jalapeño, çekirdekleri çıkarılmış ve dilimlenmiş (bkz. armağan)
- 3 yemek kaşığı taze limon suyu

2 yemek kaşığı sızma zeytinyağı

KARAMELIZE EDILMIŞ SOĞANLAR

2 yemek kaşığı sızma zeytinyağı

2 büyük tatlı soğan (Maui, Vidalia, Texas Sweet veya Walla Walla gibi)

½ çay kaşığı öğütülmüş chipotle chilies

1. Biftekleri sığ bir tabakta tekrar kapatılabilir bir plastik torbaya birer birer koyun. kenara koymak. Küçük bir kapta limon suyu, yağ, kişniş ve sarımsağı karıştırın. Torbadaki bifteklerin üzerine dökün. sızdırmazlık torbası; uygulamak için döndürün. Buzdolabında 2 saat marine edin.

2. Salata için salatalık, domates, soğan, kişniş, poblano ve jalapeño'yu geniş bir kapta birleştirin. Bir kibrit atın. Küçük bir kasede, sosu yapmak için limon suyu ve zeytinyağını karıştırın. sebzelerin üzerine giyinme; ceketi giy. Servis edilene kadar örtün ve buz dolabında saklayın.

3. Soğanlar için fırını 400°F'ye ısıtın. Hollandalı bir fırının içini biraz zeytinyağı ile fırçalayın. kenara koymak. Soğanı uzunlamasına ikiye bölün, kabuğunu çıkarın ve çaprazlamasına ¼ inçlik dilimler halinde kesin. Hollandalı bir fırında kalan zeytinyağı, soğan ve acı biberi karıştırın. Örtün ve 20 dakika pişirin. Ortaya çıkarın ve yaklaşık 20 dakika soğumaya bırakın.

4. Soğutulmuş soğanları bir folyo ızgara torbasına koyun veya soğanları çift kalın folyoya sarın. Folyonun üst kısmını kürdan ile birkaç yerinden delin.

5. Kömürlü ızgara için, ızgaranın çevresine orta derecede sıcak kömürler yayın. Izgara merkezinin üzerindeki orta sıcaklığı kontrol edin. Paketi ızgara ızgarasının ortasına yerleştirin. Örtün ve yaklaşık 45 dakika veya soğanlar yumuşak ve kehribar rengine gelene kadar ızgara yapın. (Gazlı ızgara için ızgarayı önceden ısıtın. Isıyı orta-düşük seviyeye düşürün. Dolaylı pişirmeye ayarlayın. Paketi kapalı ocağın üzerine yerleştirin. Örtün ve belirtildiği gibi pişirin.)

6. Biftekleri turşudan çıkarın; Marinayı atın. Kömür veya gazlı ızgara için, biftekleri doğrudan orta-yüksek ateşte ızgara rafına yerleştirin. Örtün ve 8 ila 10 dakika veya bifteklere yatay olarak yerleştirilen anında okunan bir termometre 135 ° F'yi gösterene ve bir kez dönene kadar ızgara yapın. Biftekleri bir tabağa koyun, folyo ile örtün ve 10 dakika bekletin.

7. Servis yapmak için salsa salatasını dört servis tabağına bölün. Her tabağa birer biftek koyun ve üzerine bir parça karamelize soğan koyun. Hemen servis yapın.

Hazırlama talimatları: Salsa salatası servis edilmeden 4 saat öncesine kadar hazırlanıp buzdolabında saklanabilir.

BITKISEL SOĞAN VE SARIMSAKLI TEREYAĞI ILE IZGARA KABURGA

HAZIRLIK:10 dakika pişirin: Soğutun 12 dakika: Izgara yapın 30 dakika: Hazırlayın 11 dakika: 4 porsiyon

IZGARA BIFTEĞIN ISISI ERIYORHINDISTAN CEVIZI VE ZEYTINYAĞININ LEZZETLI BIR KARIŞIMINDA SÜSPANSE EDILMIŞ KARAMELIZE SOĞAN, SARIMSAK VE OTLAR.

2 yemek kaşığı rafine edilmemiş hindistancevizi yağı

1 küçük soğan, ikiye bölünmüş ve çok ince şeritler halinde dilimlenmiş (yaklaşık ¾ bardak)

1 diş sarımsak, çok ince dilimlenmiş

2 yemek kaşığı sızma zeytinyağı

1 yemek kaşığı kıyılmış taze maydanoz

2 çay kaşığı kıyılmış taze kekik, biberiye ve/veya kekik

4 8 ila 10 ons dana kaburga biftek, 1 inç kalınlığında dilimlenmiş

½ çay kaşığı taze çekilmiş karabiber

1. Hindistan cevizi yağını orta boy bir tencerede kısık ateşte eritin. soğan ekleyin; Ara sıra karıştırarak 10 ila 15 dakika veya hafifçe kızarana kadar pişirin. Sarımsak ekleyin; Ara sıra karıştırarak veya soğanlar altın rengi kahverengi olana kadar 2 ila 3 dakika daha pişirin.

2. Soğan karışımını küçük bir kaseye koyun. Zeytinyağı, maydanoz ve kekiği ekleyip karıştırın. Açıkta, buzdolabında 30 dakika veya karışım, toplandığında

bir höyük oluşturacak kadar sert olana kadar, ara sıra karıştırarak soğutun.

3. Bu sırada biftekleri karabiber serpin. Kömür veya gazlı ızgara için, biftekleri doğrudan orta-yüksek ateşte ızgara rafına yerleştirin. Örtün ve orta sıcaklıkta (145°F) 11 ila 15 dakika veya orta sıcaklıkta (160°F) 14 ila 18 dakika ızgara yapın. Pişirmenin yarısında bir kez çevirin.

4. Servis yapmak için her bir bifteği servis tabağına alın. Hemen soğan karışımını bifteklerin üzerine eşit şekilde yayın.

IZGARA PANCARLI ANTRIKOT SALATASI

HAZIRLIK:20 dakika Izgara: 55 dakika Stand: 5 dakika
Hazırlanışı: 4 porsiyon

PANCARIN DÜNYEVI TADI GÜZEL BIR UYUMPORTAKALLARIN TATLILIĞI VE KAVRULMUŞ CEVIZLER ILE BU ANA SALATAYA BIRAZ ÇITIR ÇITIR EKLEYIN, SICAK BIR YAZ GECESINDE AÇIK HAVADA YEMEK YEMEK IÇIN MÜKEMMELDIR.

1 pound orta altın ve / veya pancar, soyulmuş, kesilmiş ve takozlar halinde kesilmiş

1 küçük soğan, ince halkalar halinde kesilmiş

2 dal taze kekik

1 yemek kaşığı sızma zeytinyağı

ezilmiş karabiber

2 8 ons kemiksiz kaburga eti, ¾ inç kalınlığında dilimlenmiş

2 diş sarımsak, ikiye bölünmüş

2 yemek kaşığı Akdeniz baharatı (bkz.yemek tarifi)

6 su bardağı karışık yeşillik

2 portakal, soyulmuş, dilimlenmiş ve kabaca doğranmış

½ su bardağı kıyılmış ceviz, kızartılmış (bkz.armağan)

½ fincan Bright Citrus Vinaigrette (bkz.yemek tarifi)

1. Pancarları, soğanları ve kekik dallarını folyo kaplı bir fırın tepsisine koyun. Yağ gezdirin ve karıştırın; hafifçe öğütülmüş karabiber serpin. Kömür veya gazlı ızgara için tavayı ızgaranın ortasına yerleştirin. Örtün ve 55 ila 60 dakika veya ara sıra karıştırarak bir

bıçakla delinene kadar yumuşayana kadar ızgara yapın.

2. Bu sırada bifteklerin her iki tarafını da kıyılmış sarımsak saplarıyla ovun. Akdeniz baharatları serpin.

3. Bifteklere yer açmak için pancarları ızgaranın ortasından uzaklaştırın. Biftekleri orta ateşte doğrudan ızgaraya ekleyin. Örtün ve orta sıcaklıkta (145°F) 11 ila 15 dakika veya orta sıcaklıkta (160°F) 14 ila 18 dakika ızgara yapın. Pişirmenin yarısında bir kez çevirin. Folyoyu ve biftekleri ızgaradan çıkarın. Biftekleri 5 dakika bekletin. Kekik dallarını tavadan çıkarın.

4. Bifteği çapraz olarak ısırık büyüklüğünde parçalar halinde kesin. Sebzeleri dört servis tabağına paylaştırın. Üzerine dilimlenmiş biftek, pancar, soğan dilimleri, doğranmış portakal ve cevizleri ekleyin. Parlak narenciye salata sosu ile gezdirin.

TAVADA KIZARTILMIŞ ZENCEFILLI LAHANA ILE KORE USULÜ KABURGA

HAZIRLIK:50 dakika pişirin: 25 dakika pişirin: Soğutma 10 saat: Gece boyunca: 4 porsiyon

HOLLANDALI FIRININIZIN KAPALI OLDUĞUNDAN EMIN OLUNÇOK UZUN PIŞIRME SIRASINDA PIŞIRME SIVISININ KAPAK ILE TENCERE ARASINDAKI BOŞLUKTAN BUHARLAŞMAMASI IÇIN ÇOK SIKI OTURUR.

1 ons kurutulmuş shiitake mantarı

1½ su bardağı kıyılmış taze soğan

1 Asya armutu, soyulmuş, özlü ve dilimlenmiş

1 3-inç parça taze zencefil, soyulmuş ve dilimlenmiş

1 adet serrano acı biber, ince doğranmış (istenirse çekirdeksiz) (bkz.armağan)

5 diş sarımsak

1 yemek kaşığı rafine hindistan cevizi yağı

5 pound kemikli ve kemikli kaburga

Taze çekilmiş karabiber

4 su bardağı dana kemik suyu (bkz.yemek tarifi) veya ilave tuz içermeyen et suyu

2 su bardağı dilimlenmiş taze shiitake mantarı

1 yemek kaşığı ince kıyılmış portakal kabuğu

⅓ su bardağı taze meyve suyu

Haşlanmış zencefilli lahana (bkz.yemek tarifi, altında)

İnce rendelenmiş portakal kabuğu (isteğe bağlı)

1. Fırını 325°F'ye ısıtın. Kurutulmuş şitaki mantarlarını küçük bir kaseye koyun; kaplayacak kadar kaynar su ekleyin. 30 dakika veya yeniden sulanana ve yumuşayana kadar bekletin. Islatma sıvısını boşaltın ve saklayın. Mantarları ince ince doğrayın. Mantarları küçük bir kaseye koyun; 4. adımda ihtiyaç duyulana kadar örtün ve soğutun. Mantarları ve sıvıyı bir kenara koyun.

2. Sos için taze soğan, armut, zencefil, serrano, sarımsak ve ayrılmış mantar ıslatma sıvısını bir mutfak robotunda birleştirin. Örtün ve pürüzsüz olana kadar karıştırın. Sosu bir kenara koyun.

3. 6 litrelik bir fırında hindistancevizi yağını orta-yüksek ateşte ısıtın. Kısa kaburgaları taze çekilmiş karabiber serpin. Kaburgaları sıcak hindistancevizi yağında gruplar halinde yaklaşık 10 dakika veya her tarafı iyice kızarana kadar pişirin ve pişirme işleminin yarısında çevirin. Tüm kaburgaları tencereye geri koyun. Sosu ve dana kemik suyunu dökün. Hollandalı fırını sıkı bir kapakla örtün. Yaklaşık 10 saat veya et çok yumuşayana ve kemikten düşmeye başlayana kadar kızartın.

4. Kaburgaları sostan dikkatlice çıkarın. Kaburgaları ve sosu ayrı kaselere koyun. Örtün ve gece boyunca soğutun. Soğuyan sosu sıyırın ve yüzeydeki yağı alın. Sosu yüksek ateşte kaynama noktasına getirin. 1. adımdaki sulu mantarları ve taze mantarları ekleyin. Sosu azaltmak ve tatları yoğunlaştırmak için 10 dakika hafifçe pişirin. kaburgaları sosa döndürün;

ısıtılana kadar pişirin. 1 çorba kaşığı portakal kabuğu ve portakal suyunu karıştırın. Kızarmış zencefilli tasma ile servis yapın. İstenirse, ilave portakal kabuğu serpin.

Kızarmış Zencefilli Lahana: 1 çorba kaşığı rafine hindistancevizi yağını büyük bir tavada orta-yüksek ateşte ısıtın. 2 yemek kaşığı kıyılmış taze zencefil ekleyin; 2 diş sarımsak, kıyılmış; ve tatmak için ezilmiş kırmızı biber. Kokulu olana kadar yaklaşık 30 saniye pişirin ve karıştırın. 6 su bardağı kıyılmış napa, savoy lahana veya lahana ve 1 soyulmuş, ince dilimlenmiş Asya armutunu ekleyin. Karıştırarak lahana hafifçe soluncaya ve armut yumuşayana kadar 3 dakika pişirin. ½ su bardağı şekersiz elma suyunu karıştırın. Örtün ve lahana yumuşayana kadar yaklaşık 2 dakika pişirin. ½ su bardağı kıyılmış taze soğan ve 1 yemek kaşığı susam tohumlarını karıştırın.

NARENCIYE REZENE GREMOLATA ILE DANA KISA KABURGA

HAZIRLIK:40 dakika ızgara: 8 dakika yavaş pişirme: 9 saat (düşük) veya 4,5 saat (yüksek) verim: 4 porsiyon

GREMOLATA LEZZETLI BIR KARIŞIMDIRZENGIN, PÜRÜZSÜZ LEZZETINI GELIŞTIRMEK IÇIN KLASIK BIR İTALYAN KIZARMIŞ DANA INCIK YEMEĞI OLAN OSSO BUCCO'NUN ÜZERINE MAYDANOZ, SARIMSAK VE LIMON KABUĞU RENDESI SERPILIR. PORTAKAL KABUĞU RENDESI VE TAZE TÜYLÜ REZENE YAPRAKLARININ EKLENMESIYLE, BU YUMUŞAK DANA KISA KABURGALAR IÇIN AYNIDIR.

PIRZOLA
- 2½ ila 3 pound kemikli ve kemikli kaburga
- 3 yemek kaşığı limon baharatı (bkz.[yemek tarifi](#))
- 1 orta boy rezene ampulü
- 1 büyük soğan, büyük parçalar halinde kesilmiş
- 2 su bardağı dana kemik suyu (bkz.[yemek tarifi](#)) veya ilave tuz içermeyen et suyu
- 2 diş sarımsak, ikiye bölünmüş

FIRINLANMIŞ KABAK
- 3 yemek kaşığı sızma zeytinyağı
- 1 kilo balkabagi, soyulmuş, tohumlanmış ve ½ inçlik parçalar halinde kesilmiş (yaklaşık 2 bardak)
- 4 çay kaşığı soyulmuş taze kekik
- Sızma zeytinyağı

GREMOLATA
- ¼ su bardağı kıyılmış taze maydanoz

2 yemek kaşığı kıyılmış sarımsak

1½ çay kaşığı ince rendelenmiş limon kabuğu rendesi

1½ çay kaşığı ince rendelenmiş portakal kabuğu

1. Kısa kaburgalara limon otu baharatları serpin; Eti parmaklarınızla hafifçe ovalayın. kenara koymak. rezene yapraklarını çıkarın; turunçgil rezenesi için gremolatayı bir kenara bırakın. Rezene soğanını kesin ve dörde bölün.

2. Kömürlü ızgara için, orta-sıcak kömürleri ızgaranın bir tarafına yerleştirin. Izgaranın kömür olmayan tarafında orta ısı olup olmadığını kontrol edin. Kısa kaburgaları kömür olmayan tarafa pişirme rafına yerleştirin; Rezene çeyreklerini ve soğan dilimlerini doğrudan ızgaradaki kömürlerin üzerine yerleştirin. Örtün ve 8 ila 10 dakika veya sebzeler ve kaburgalar kızarana kadar ızgara yapın. Pişirmenin yarısında bir kez çevirin. (Gazlı ızgara için, ızgarayı önceden ısıtın, ısıyı orta seviyeye düşürün. Dolaylı pişirme için ayarlayın. Kaburgaları yanmayan ocağın üzerine yerleştirin. Rezene ve soğanı yanan ocağın üzerine yerleştirin. Örtün ve belirtildiği gibi ızgara yapın.) Yeterince soğuduysa, rezeneyi ince ince doğrayın ve soğan.

3. 5-6 litrelik bir tencerede doğranmış rezene ve soğanı, sığır kemik suyunu ve sarımsağı birleştirin. kaburga ekleyin. Örtün ve düşükte 9 ila 10 saat veya yüksekte 4½ ila 5 saat pişirin. Oluklu bir kaşık kullanarak kaburgaları bir tabağa aktarın. Sıcak tutmak için folyo ile örtün.

4. Bu arada kabak için 3 yemek kaşığı yağı büyük bir tavada orta-yüksek ateşte ısıtın. Kabağı ve 3 çay kaşığı kekiği ekleyin ve kabağı kaplamak için fırlatın. Kabağı tavada tek kat halinde düzenleyin ve yaklaşık 3 dakika veya alt tarafı kızarana kadar karıştırmadan pişirin. Kabak parçalarını ters çevirin; yaklaşık 3 dakika daha veya diğer taraflar kızarana kadar pişirin. Isıyı düşük seviyeye indirin; örtün ve 10 ila 15 dakika veya yumuşayana kadar pişirin. 1 çay kaşığı taze kekik serpin. Sızma zeytinyağı ile gezdirin.

5. Gremolata için ayrılan rezene yapraklarını ¼ fincan yapacak kadar ince doğrayın. Küçük bir kasede kıyılmış rezene yapraklarını, maydanozu, sarımsağı, limonu ve portakal kabuğunu karıştırın.

6. Gremolayı kaburgaların üzerine serpin. Kabak ile servis yapın.

DEREOTU VE SALATALIK HARDAL SALATASI ILE İSVEÇ USULÜ SIĞIR KÖFTESI

HAZIRLIK:30 dakika pişirin: 15 dakika yapın: 4 porsiyon

BEEF À LA LINDSTROM BIR İSVEÇ HAMBURGERIDIR.GELENEKSEL OLARAK ÜZERINE SOĞAN, KAPARI VE ŞALGAM TURŞUSU KONUR, SOSLA VE ÇÖREKSIZ SERVIS EDILIR. BU YENIBAHAR AŞILANMIŞ VERSIYON, TUZLU PANCAR TURŞUSU VE KAPARILERI KAVRULMUŞ PANCARLARLA DEĞIŞTIRIR VE ÜZERINE KIZARMIŞ YUMURTA KOYAR.

SALATALIK SALATASI
- 2 çay kaşığı taze portakal suyu
- 2 çay kaşığı beyaz şarap sirkesi
- 1 çay kaşığı Dijon hardalı (bkz.yemek tarifi)
- 1 yemek kaşığı sızma zeytinyağı
- 1 büyük (İngiliz) çekirdeksiz salatalık, soyulmuş ve dilimlenmiş
- 2 yemek kaşığı dilimlenmiş taze soğan
- 1 yemek kaşığı kıyılmış taze dereotu

SIĞIR KÖFTESI
- 1 pound kıyma
- ¼ su bardağı ince kıyılmış soğan
- 1 yemek kaşığı Dijon hardalı (bkz.yemek tarifi)
- ¾ çay kaşığı karabiber
- ½ çay kaşığı öğütülmüş yenibahar

½ küçük şalgam, kavrulmuş, soyulmuş ve ince doğranmış
*

2 yemek kaşığı sızma zeytinyağı

½ su bardağı dana kemik suyu (bkz.<u>yemek tarifi</u>) veya ilave tuz içermeyen et suyu

4 büyük yumurta

1 yemek kaşığı ince kıyılmış kişniş

1. Salatalık salatası için portakal suyu, sirke ve Dijon hardalını geniş bir kapta karıştırın. Zeytinyağını ince bir akıntı halinde yavaşça ekleyin ve sos hafifçe kalınlaşana kadar karıştırın. Salatalık, yeşil soğan ve dereotu ekleyin; birleştirilene kadar fırlatın. Servis edilene kadar örtün ve buz dolabında saklayın.

2. Dana köftesi için kıyma, soğan, Dijon hardalı, biber ve yenibaharı geniş bir kapta karıştırın. Kavrulmuş pancarları ekleyin ve ete eşit şekilde karışması için hafifçe karıştırın. Karışımı dört ½ inç kalınlığında köfte haline getirin.

3. 1 çorba kaşığı zeytinyağını büyük bir tavada orta-yüksek ateşte ısıtın. Köfteleri (160°) yaklaşık 8 dakika veya kızarana ve dışı kızarana kadar bir kez çevirerek kızartın. Köfteleri bir tabağa koyun ve sıcak kalmaları için hafifçe folyo ile örtün. Sığır kemik suyunu ekleyin ve tavanın dibindeki kızartılmış parçaları sıyırmak için karıştırın. Yaklaşık 4 dakika veya yarı yarıya azalana kadar pişirin. Köfteleri azaltılmış miktarda meyve suyu ile gezdirin ve tekrar gevşek bir şekilde örtün.

4. Tavayı durulayın ve bir kağıt havluyla silin. Kalan 1 yemek kaşığı zeytinyağını orta-yüksek ateşte ısıtın. Yumurtaları sıcak yağda 3 ila 4 dakika veya beyazları pişene ve sarıları yumuşak ve akıcı kalana kadar kızartın.

5. Her et köftesinin üzerine bir yumurta koyun. Frenk soğanı serpin ve salatalık salatası ile servis yapın.

*İpucu: Pancarları kızartmak istiyorsanız, iyice yıkayın ve bir parça alüminyum folyo üzerine koyun. Biraz zeytinyağı gezdirin. Folyoya sarın ve sıkıca kapatın. 375°F fırında yaklaşık 30 dakika veya pancarlar çatalla kolayca delinene kadar pişirin. Soğumaya bırakın; Cildi çıkarın. (Rosa en fazla 3 gün önceden pişirilebilir. Soyulmuş kavrulmuş pancarları iyice sarın ve soğutun.)

KAVRULMUŞ KÖK SEBZELI ROKA ÜZERINDE HAŞLANMIŞ DANA BURGER

HAZIRLIK:40 dakika pişirin: 35 dakika kızartın: 20 dakika pişirin: 4 porsiyon

BIRÇOK UNSUR VARBU DOYURUCU BURGERLERE GELINCE - VE BIR ARAYA GETIRMELERI BIRAZ ZAMAN ALIYOR - TATLARIN INANILMAZ KOMBINASYONU, ÇABAYA DEĞER: ETLI BURGER, KARAMELIZE SOĞAN VE MANTAR SOSU ILE TEPESINDE VE TATLI KAVRULMUŞ SEBZELER VE BIBERLI ROKA ILE SERVIS EDILIYOR.

5 yemek kaşığı sızma zeytinyağı

2 su bardağı dilimlenmiş taze mantar, cremini ve/veya shiitake

3 sarı soğan, ince dilimlenmiş*

2 çay kaşığı kimyon

3 havuç, soyulmuş ve 1 inçlik parçalar halinde kesilmiş

2 yaban havucu, soyulmuş ve 1 inçlik parçalar halinde kesilmiş

1 meşe palamudu kabağı, ikiye bölünmüş, çekirdekleri çıkarılmış ve dilimler halinde kesilmiş

Taze çekilmiş karabiber

2 kilo kıyma

½ su bardağı ince kıyılmış soğan

1 yemek kaşığı çok amaçlı tuzsuz baharat karışımı

2 su bardağı dana kemik suyu (bkz.yemek tarifi) veya ilave tuz içermeyen et suyu

¼ fincan şekersiz elma suyu

1 ila 2 yemek kaşığı kuru şeri veya beyaz şarap sirkesi
1 yemek kaşığı Dijon hardalı (bkz.<u>yemek tarifi</u>)
1 yemek kaşığı kıyılmış taze kekik yaprağı
1 yemek kaşığı kıyılmış taze maydanoz yaprağı
8 su bardağı roka yaprağı

1. Fırını 425°F'ye ısıtın. Sos için, orta-yüksek ateşte büyük bir tavada 1 çorba kaşığı zeytinyağını ısıtın. mantar ekleyin; pişirin ve yaklaşık 8 dakika veya iyice kızarana ve yumuşayana kadar karıştırın. Oluklu bir kaşık kullanarak mantarları bir tabağa aktarın. Tavayı tekrar brülöre yerleştirin. Isıyı orta seviyeye düşürün. Kalan 1 çorba kaşığı zeytinyağını, doğranmış soğanı ve kimyon tohumlarını ekleyin. Örtün ve 20 ila 25 dakika veya soğanlar çok yumuşak ve zengin bir şekilde kızarana kadar ara sıra karıştırarak pişirin. (Soğanların yanmasını önlemek için ısıyı gerektiği gibi ayarlayın.)

2. Kavrulmuş kök sebzeler için havuçları, yaban havucuları ve kabakları geniş bir fırın tepsisine dizin. Üzerine 2 yemek kaşığı zeytinyağı gezdirin ve isteğe göre pul biber serpin. sebzeleri kaplamak için fırlatın. 20 ila 25 dakika veya yumuşayana ve kahverengileşmeye başlayana kadar pişirin, pişirme işleminin yarısında bir kez çevirin. Servis yapmaya hazır olana kadar sebzeleri sıcak tutun.

3. Burgerler için kıyma, ince doğranmış soğan ve baharat karışımını geniş bir kapta birleştirin. Et karışımını dört eşit parçaya bölün ve yaklaşık 1/2 inç kalınlığında köfteler oluşturun. Çok büyük bir tavada kalan 1 çorba kaşığı zeytinyağını orta-yüksek ateşte

ısıtın. Tavaya burger ekleyin; yaklaşık 8 dakika veya her iki tarafı da kızarana kadar bir kez çevirerek pişirin. Burgerleri bir tabağa alın.

4. Tavaya karamelize soğan, ayrılmış mantar, dana kemik suyu, elma suyu, şeri ve dijon usulü hardalı ekleyin ve karıştırın. Burgerleri tavaya geri koyun. Haydi kaynatalım. Burgerler tamamen pişene kadar (160°F), yaklaşık 7 ila 8 dakika pişirin. Tatmak için taze kekik, maydanoz ve karabiber ilave edin.

5. Servis yapmak için dört servis tabağının her birine 2'şer bardak roka koyun. Kızaran sebzeleri salatalara paylaştırın ve köftelerin üzerine dökün. Soğan karışımını burgerlerin üzerine bolca yayın.

*İpucu: Mandolin dilimleyici, soğanları ince ince dilimlerken çok yardımcı olur.

SUSAM KABUĞUNDA DOMATESLI IZGARA DANA BURGER

HAZIRLIK:30 dakika stand: 20 dakika ızgara: 10 dakika
Yapılışı: 4 porsiyon

SUSAM KABUĞU ILE ÇITIR ÇITIR, ALTIN KAHVERENGI DOMATES DILIMLERIBU DUMANLI BURGERLERDE GELENEKSEL SUSAMLI ÇÖREK YIYEBILIRSINIZ. BIÇAK VE ÇATALLA SERVIS YAPIN.

4 ½ inç kalınlığında kırmızı veya yeşil domates dilimleri*
1¼ pound yağsız kıyma
1 yemek kaşığı tütsülenmiş baharat (bkz.yemek tarifi)
1 büyük yumurta
¾ su bardağı badem unu
¼ su bardağı susam
¼ çay kaşığı karabiber
1 küçük kırmızı soğan, ikiye bölünmüş ve dilimlenmiş
1 yemek kaşığı sızma zeytinyağı
¼ fincan rafine hindistan cevizi yağı
1 küçük baş Bibb marulu
Paleo ketçap (bkz.yemek tarifi)
Dijon hardalı (bkz.yemek tarifi)

1. Domates dilimlerini çift kat kağıt havlu üzerine yerleştirin. Domatesleri başka bir çift kat kağıt havluyla örtün. Kağıt havluları domateslere yapıştırmak için hafifçe bastırın. Domates suyunun bir kısmını emmesi için 20 ila 30 dakika oda sıcaklığında bekletin.

2. Büyük bir kapta kıyma ve tütsülenmiş baharatları karıştırın. Dört yarım inç kalınlığında köftesi haline getirin.

3. Yumurtayı sığ bir kapta çatalla hafifçe çırpın. Başka bir derin olmayan kapta badem unu, susam ve karabiberi karıştırın. Her domates dilimini yumurtaya batırın ve kaplamak için çevirin. Fazla yumurtayı boşaltın. Her domates dilimini badem unu karışımına batırın ve kaplamak için çevirin. Kaplanmış domatesleri düz bir tabağa koyun; kenara koymak. Soğan dilimlerini zeytinyağı ile karıştırın; Soğan dilimlerini ızgara sepetine yerleştirin.

4. Kömürlü veya gazlı ızgara için soğanları sepete koyun ve dana köfteleri orta-yüksek ateşte ızgara ızgarasına yerleştirin. Örtün ve 10 ila 12 dakika ızgara yapın veya soğanlar altın rengi kahverengi olur ve hafifçe kömürleşir ve köfteler yapılır (160°), soğanları ara sıra karıştırarak ve köfteleri bir kez çevirerek.

5. Bu sırada yağı büyük bir tavada orta-yüksek ateşte ısıtın. Domates dilimleri ekleyin; 8 ila 10 dakika veya altın rengi kahverengi olana kadar bir kez çevirerek pişirin. (Domatesler çok çabuk kızarıyorsa, ısıyı orta-düşük seviyeye düşürün. Gerekirse ilave yağ ekleyin.) Kağıt havlu serili bir tabağa boşaltın.

6. Servis yapmak için salatayı dört servis tabağına bölün. Köfte, soğan, paleo ketçap, Dijon hardalı ve susamlı domateslerle süsleyin.

*Not: Muhtemelen 2 büyük domatese ihtiyacınız olacak. Kırmızı domates kullanıyorsanız, henüz olgunlaşmış ancak yine de biraz sert olan domatesleri seçin.

BABA GHANOUSH SOSLU ÇUBUK BURGER

SULAMA:15 dakika hazırlama: 20 dakika Izgara: 35 dakika
Yapım: 4 porsiyon

BABA GHANOUSH BIR ORTA DOĞU DAĞITIMIDIRKÖZLENMIŞ KÖZLENMIŞ PATLICANIN ZEYTINYAĞI, LIMON, SARIMSAK VE TAHIN ILE EZILMESI, ÖĞÜTÜLMÜŞ SUSAM EZMESINDEN YAPILMIŞTIR. SUSAM SERPME IYIDIR, ANCAK BIR YAĞ VEYA MACUN HALINE GETIRILDIĞINDE, ILTIHAPLANMAYA KATKIDA BULUNABILECEK KONSANTRE BIR LINOLEIK ASIT KAYNAĞI HALINE GELIRLER. BURADA KULLANILAN ÇAM FISTIĞI EZMESI IYI BIR ALTERNATIFTIR.

4 adet güneşte kurutulmuş domates

1½ pound yağsız kıyma

3 ila 4 yemek kaşığı ince kıyılmış soğan

1 yemek kaşığı ince kıyılmış taze kekik ve/veya ince kıyılmış taze nane veya ½ çay kaşığı rendelenmiş kuru kekik

¼ çay kaşığı acı biber

Baba Ghanoush Dip (bkz.)yemek tarifi, altında)

1. Sekiz adet 10 inçlik tahta şişi 30 dakika suda bekletin. Küçük bir kapta domateslerin üzerine kaynar su dökün; Yeniden nemlendirmek için 5 dakika bekleyin. Domatesleri boşaltın ve kağıt havlularla kurulayın.

2. Büyük bir kapta doğranmış domatesleri, kıymayı, soğanı, kekik ve acı biberi birleştirin. Et karışımını sekiz porsiyona bölün; Her parçayı bir top haline

getirin. Şişleri sudan çıkarın. kuru. Bir şişin üzerine bir top yuvarlayın ve şişin etrafında uzun bir oval şekline getirin. Sivri ucun hemen altından başlayın ve diğer uçta çubuğu tutacak kadar yer bırakın. Kalan şiş ve toplarla tekrarlayın.

3. Kömürlü veya gazlı ızgara için, dana şişlerini orta-yüksek ateşte doğrudan pişirme rafına yerleştirin. Örtün ve yaklaşık 6 dakika veya bitene kadar (160°F) ızgara yapın. Baba ghanoush sosu ile servis yapın.

Baba Ghanoush Dip Sos: 2 orta boy patlıcanı çeşitli yerlerinden çatalla delin. Kömür veya gazlı ızgara için patlıcanı doğrudan orta-yüksek ateşte ızgara rafına yerleştirin. Örtün ve 10 dakika veya her tarafı kızarana kadar ızgara yapın. Pişirme sırasında birkaç kez çevirin. Patlıcanları çıkarın ve dikkatlice folyoya sarın. Sarılı patlıcanı tekrar pişirme ızgarasına yerleştirin, ancak doğrudan kömürlerin üzerine değil. Örtün ve 25 ila 35 dakika daha veya çökene ve çok yumuşak olana kadar ızgara yapın. Serin. Patlıcanları ikiye bölün ve içini sıyırın; Eti mutfak robotuna koyun. ¼ fincan çam fıstığı yağı ekleyin (bkz.yemek tarifi); ¼ bardak taze limon suyu; 2 diş sarımsak, kıyılmış; 1 yemek kaşığı sızma zeytinyağı; 2 ila 3 yemek kaşığı kıyılmış taze maydanoz; ve ½ çay kaşığı öğütülmüş kimyon. Örtün ve neredeyse pürüzsüz olana kadar işleyin. Sos daldırmak için çok kalınsa, istenen kıvama gelene kadar yeterince su ilave edin.

FÜME BIBER DOLMASI

HAZIRLIK:20 dakika pişirin: 8 dakika pişirin: 30 dakika hazırlayın: 4 porsiyon

BU AILEYI POPÜLER YAPÇEKICI BIR YEMEK IÇIN RENKLI BIBER KARIŞIMI ILE. KAVRULMUŞ DOMATES, YIYECEKLERE SAĞLIKLI BIR ŞEKILDE IYI BIR LEZZET KATMANIN GÜZEL BIR ÖRNEĞIDIR. KONSERVE YAPMADAN ÖNCE (TUZSUZ) DOMATESLERI BASITÇE KÖMÜRLEŞTIRMEK LEZZETLERINI ARTTIRIR.

4 büyük yeşil, kırmızı, sarı ve/veya turuncu biber

1 pound kıyma

1 yemek kaşığı tütsülenmiş baharat (bkz.yemek tarifi)

1 yemek kaşığı sızma zeytinyağı

1 küçük sarı soğan, doğranmış

3 diş sarımsak, doğranmış

1 küçük karnabahar, özlü ve çiçeklerine ayrılmış

1 15 ons tuzsuz doğranmış kavrulmuş domates konservesi, süzülmüş

¼ su bardağı ince kıyılmış taze maydanoz

½ çay kaşığı karabiber

⅛ çay kaşığı acı biber

½ fincan ceviz kırıntısı tepesi (bkz.yemek tarifi, altında)

1. Fırını 375°F'ye ısıtın. Biberleri dikey olarak ortadan ikiye kesin. Sapları, tohumları ve zarları çıkarın. atmak. Biber yarımlarını bir kenara koyun.

2. Kıymayı orta boy kaba koyun; Füme baharat serpin. Ellerinizi kullanarak, baharatları yavaşça ete karıştırın.

3. Zeytinyağını büyük bir tavada orta-yüksek ateşte ısıtın. Et, soğan ve sarımsak ekleyin; etler suyunu salıp, soğanlar yumuşayıncaya kadar tahta kaşıkla karıştırarak etin dağılmasını sağlayın. Tavayı ocaktan alın.

4. Karnabahar çiçeklerini mutfak robotunda çok ince doğranana kadar işleyin. (Mutfak robotunuz yoksa karnabaharı rendeleyin.) 3 su bardağı karnabaharı ölçün. Tavadaki kıyma karışımına ekleyin. (Artık karnabaharınız varsa, başka bir kullanım için ayırın.) Süzülmüş domatesleri, maydanozu, karabiberi ve kırmızı biberi ekleyin.

5. Biber yarımlarını kıyma karışımıyla doldurun, hafifçe paketleyin ve hafifçe katlayın. Doldurulmuş biber yarımlarını güveçte yerleştirin. 30 ila 35 dakika veya biberler gevrek ve yumuşak olana kadar pişirin. * Üzerine ceviz kırıntıları serpin. İstenirse, çıtır çıtır bir sos için servis yapmadan önce 5 dakika fırına dönün.

Ceviz Kırıntısı Topping: 1 çorba kaşığı sızma zeytinyağını orta-yüksek ateşte orta boy bir tavada ısıtın. 1 çay kaşığı kuru kekik, 1 çay kaşığı füme kırmızı biber ve ¼ çay kaşığı sarımsak tozu ile karıştırın. 1 su bardağı çok ince kıyılmış cevizi ekleyin. Yaklaşık 5 dakika veya cevizler altın rengi kahverengi olana ve hafifçe kızarana kadar pişirin ve karıştırın. Bir veya iki acı biberle karıştırın. Tamamen soğumaya bırakın. Kalan pansumanı kullanıma hazır olana kadar buzdolabında hava geçirmez bir kapta saklayın. 1 bardak yapar.

*Not: Yeşil biber kullanıyorsanız 10 dakika daha pişirin.

CABERNET SOĞAN VE ROKA ILE BIZON BURGER

HAZIRLIK:30 dakika pişirme: 18 dakika ızgara: 10 dakika pişirme: 4 porsiyon

BIZON YAĞ ORANI ÇOK DÜŞÜKTÜRVE SIĞIR ETINDEN %30 ILA %50 DAHA HIZLI PIŞER. ET, PIŞIRILDIKTEN SONRA KIRMIZI RENGINI KORUR, BU NEDENLE RENK PIŞMIŞLIK GÖSTERGESI DEĞILDIR. BIZON ÇOK YAĞSIZ OLDUĞUNDAN, 155°F'LIK BIR IÇ SICAKLIĞIN ÜZERINDE PIŞIRMEYIN.

- 2 yemek kaşığı sızma zeytinyağı
- 2 büyük tatlı soğan, ince dilimlenmiş
- ¾ fincan Cabernet Sauvignon veya diğer sek kırmızı şarap
- 1 çay kaşığı Akdeniz baharatı (bkz.yemek tarifi)
- ¼ su bardağı sızma zeytinyağı
- ¼ fincan balzamik sirke
- 1 yemek kaşığı ince kıyılmış maydanoz
- 1 yemek kaşığı kıyılmış taze fesleğen
- 1 küçük diş sarımsak, kıyılmış
- 1 kiloluk yer bizonu
- ¼ fincan fesleğen pesto (bkz.yemek tarifi)
- 5 su bardağı roka
- Tuzsuz ham fıstık, kavrulmuş (bkz.armağan)

1. 2 yemek kaşığı yağı büyük bir tavada orta-düşük ateşte ısıtın. Soğanı ekleyin. Örtün ve 10 ila 15 dakika veya soğan yumuşayana kadar ara sıra karıştırarak pişirin. Keşfetmek; orta ateşte 3 ila 5 dakika veya soğanlar altın rengi kahverengi olana kadar pişirin ve

karıştırın. şarap ekleyin; yaklaşık 5 dakika veya şarabın çoğu buharlaşana kadar pişirin. Akdeniz baharatları serpin; sıcak tut

2. Bu sırada salata sosu için ¼ bardak zeytinyağı, sirke, arpacık soğan, fesleğen ve sarımsağı bir kavanozda karıştırın. Örtün ve iyice çalkalayın.

3. Büyük bir kapta öğütülmüş bizonu ve fesleğen pesto sosunu hafifçe karıştırın. Et karışımını hafifçe dört ¾ inç kalınlığında köfteler haline getirin.

4. Kömür veya gazlı ızgara için, köfteleri doğrudan orta-yüksek ateşte hafifçe yağlanmış ızgara rafına yerleştirin. Üzerini örtün ve istenen pişene kadar (orta pişmiş için 145°F veya orta pişmiş için 155°F), yaklaşık 10 dakika ızgara yapın. Pişirmenin yarısında bir kez çevirin.

5. Rokayı geniş bir kaseye koyun. Roka üzerine salata sosu dökün; ceketi giy. Servis yapmak için soğanları dört servis tabağına paylaştırın. Her birini bizon burger ile doldurun. Burgeri roka ile kaplayın ve antep fıstığı serpin.

PAZI VE TATLI PATATES ÜZERINDE BIZON VE KUZU ETI

HAZIRLIK:1 saat pişirme: 20 dakika pişirme: 1 saat ayakta: 10 dakika Yapım: 4 porsiyon

BU ESKI MODA EV YEMEKLERIMODERN BIR DOKUNUŞLA. KIRMIZI ŞARAP SOSU, KÖFTENIN LEZZETINI ARTIRIRKEN, KAJU KREMASI VE HINDISTANCEVIZI YAĞI ILE PÜRE HALINE GETIRILMIŞ PAZI VE TATLI PATATES, INANILMAZ BIR BESIN DEĞERI SAĞLAR.

2 yemek kaşığı zeytinyağı
1 su bardağı ince kıyılmış cremini mantar
½ su bardağı ince kıyılmış kırmızı soğan (1 orta boy)
½ su bardağı ince kıyılmış kereviz (1 sap)
⅓ su bardağı ince doğranmış havuç (1 küçük)
½ küçük elma, temizlenmiş, soyulmuş ve doğranmış
2 diş sarımsak, doğranmış
½ çay kaşığı Akdeniz çeşnisi (bkz.yemek tarifi)
1 büyük yumurta, hafifçe dövülmüş
1 yemek kaşığı öğütülmüş taze adaçayı
1 yemek kaşığı kıyılmış taze kekik
8 ons öğütülmüş bizon
8 ons öğütülmüş kuzu veya sığır eti
¾ fincan sek kırmızı şarap
1 orta boy arpacık soğan, ince kıyılmış
¾ su bardağı sığır kemik suyu (bkz.yemek tarifi) veya ilave tuz içermeyen et suyu
Tatlı patates püresi (bkz.yemek tarifi, altında)
Sarımsak pazı (bkz.yemek tarifi, altında)

1. Fırını 350°F'ye ısıtın. Yağı büyük bir tavada orta ateşte ısıtın. Mantar, soğan, kereviz ve havuç ekleyin; pişirin ve yaklaşık 5 dakika veya sebzeler yumuşayana kadar karıştırın. ısıyı düşük seviyeye indirin; ezilmiş elma ve sarımsağı ekleyin. Örtün ve yaklaşık 5 dakika veya sebzeler çok yumuşayana kadar pişirin. Ocaktan alın; Akdeniz baharatlarını karıştırın.

2. Oluklu bir kaşık kullanarak mantar karışımını büyük bir kaseye ekleyin ve tavaya damlamasını sağlayın. Yumurta, adaçayı ve kekiği karıştırın. Kıyma bizonu ve kıyma kuzu ekleyin; basitçe karıştırın. Et karışımını 2 litrelik dikdörtgen bir tencereye koyun. 7 x 4 inçlik bir dikdörtgen oluşturun. Yaklaşık 1 saat veya anında okunan bir termometre 155 ° F'yi okuyana kadar pişirin. 10 dakika bekletin. Köfteyi servis tabağına dikkatlice yerleştirin. Örtün ve sıcak tutun.

3. Tava sosu için, güveçteki damlamaları ve çıtır parçaları ayrılmış tava damlalarına kazıyın. Şarap ve arpacık ekleyin. Orta ateşte kaynatın; yarısına kadar pişirin. Sığır kemik suyu ekleyin; pişirin ve yarısı bitene kadar karıştırın. Tavayı ocaktan alın.

4. Servis etmek için tatlı patates püresini dört servis tabağına paylaştırın. Biraz sarımsak pazı ile doldurun. etli ekmek dilimleri; Dilimleri sarımsaklı pazı üzerine yerleştirin ve sosu gezdirin.

Patates Püresi: 4 adet orta boy tatlı patatesin kabuklarını soyun ve irice doğrayın. Büyük bir tencerede, patatesleri üzerini kapatacak kadar kaynar suda 15 dakika veya yumuşayana kadar pişirin. boşaltmak. Patates ezici ile ezin. ½ fincan kaju kreması ekleyin (bkz.yemek tarifi) ve 2 yemek kaşığı rafine edilmemiş hindistancevizi yağı; pürüzsüz olana kadar püre. sıcak tutmak

Sarımsak pazı: 2 demet pazıdan sapları çıkarın ve atın. Yaprakları kabaca doğrayın. Orta-yüksek ateşte büyük bir tavada 2 yemek kaşığı zeytinyağını ısıtın. Pazı ve 2 diş ezilmiş sarımsak ekleyin; ara ara maşa ile karıştırarak pazılar suyunu çekene kadar pişirin.

FRENK ÜZÜMÜ ELMA PÜRESI VE PAPPARDELLE KABAK ILE BIZON KÖFTE

HAZIRLIK:25 dakika pişirin: 15 dakika pişirin: 18 dakika pişirin: 4 porsiyon

KÖFTELER ÇOK ISLANACAKONLARI NASIL YAPIYORSUN ET KARIŞIMININ ELLERINIZE YAPIŞMASINI ÖNLEMEK IÇIN ÇALIŞIRKEN BIR KASE SOĞUK SU BULUNDURUN VE ARA SIRA ELLERINIZI ISLATIN. KÖFTELERI HAZIRLARKEN SUYU BIRKAÇ KEZ DEĞIŞTIRIN.

KÖFTELER
  zeytin yağı
  ½ su bardağı iri kıyılmış kırmızı soğan
  2 diş sarımsak, doğranmış
  1 yumurta, hafifçe çırpılmış
  ½ su bardağı ince kıyılmış mantar ve sapları
  2 yemek kaşığı taze İtalyan maydanozu (doğranmış)
  2 çay kaşığı zeytinyağı
  1 kiloluk yer bizonu (varsa kaba öğütülmüş)

ELMA VE FRENK ÜZÜMÜ SOSU
  2 yemek kaşığı zeytinyağı
  2 büyük Granny Smith elması, soyulmuş, özlü ve ince kıyılmış
  2 arpacık soğan, doğranmış
  2 yemek kaşığı taze limon suyu
  ½ su bardağı tavuk kemiği suyu (bkz. yemek tarifi) veya ilave tuz içermeyen tavuk suyu

2 ila 3 yemek kaşığı kuru üzüm

KABAK PAPPARDELLE
6 kabak
2 yemek kaşığı zeytinyağı
¼ su bardağı ince kıyılmış yeşil soğan
½ çay kaşığı öğütülmüş kırmızı biber
2 diş sarımsak, doğranmış

1. Köfte için fırını 375°F'ye ısıtın. Kenarlı bir fırın tepsisini zeytinyağı ile hafifçe kaplayın. kenara koymak. Soğanı ve sarımsağı bir mutfak robotu veya karıştırıcıda karıştırın. pürüzsüz olana kadar nabız. Soğan karışımını orta boy bir kaba koyun. Yumurta, mantar, maydanoz ve 2 çay kaşığı yağı ekleyin; birleştirmek için karıştırın. Yer bizonu ekleyin; hafifçe ama iyice karıştırın. Et karışımını 16 parçaya bölün; köfte haline getirin. Hazırlanan fırın tepsisine köfteleri eşit şekilde yayın. 15 dakika pişirin; kenara koymak.

2. Sos için 2 yemek kaşığı yağı orta-yüksek ateşte bir tavada ısıtın. Elma ve arpacık ekleyin; 6 ila 8 dakika veya çok yumuşak olana kadar pişirin ve karıştırın. Limon suyunu karıştırın. Karışımı bir mutfak robotuna veya karıştırıcıya aktarın. Pürüzsüz olana kadar örtün ve işleyin veya karıştırın; tavaya geri dönün. Tavuk kemiği suyu ve kuş üzümü ile karıştırın. kaynamak; Sıcaklığı azalt. Sık sık karıştırarak 8 ila 10 dakika pişirin. Köfte ekleyin; pişene kadar kısık ateşte karıştırarak pişirin.

3. Bu sırada pappardelle için kabakların uçlarını kesin. Bir mandolin veya çok keskin bir sebze soyucu kullanarak kabağı ince şeritler halinde dilimleyin. (Şeritleri sağlam tutmak için, kabak ortasındaki tohumlara ulaştığınızda tıraş etmeyi bırakın.) 2 yemek kaşığı yağı orta-yüksek ateşte çok büyük bir tavada ısıtın. Taze soğan, ezilmiş kırmızı biber ve sarımsağı ilave edin; kaynatın ve 30 saniye karıştırın. Kabak şeritlerini ekleyin. Yavaşça karıştırarak yaklaşık 3 dakika veya sadece solana kadar pişirin.

4. Servis yapmak için pappardella'yı dört servis tabağına bölün. Köfte ve elma frenk üzümü sosu ile doldurun.

KAVRULMUŞ SARIMSAKLI SPAGETTI ILE BIZON VE PORCINI BOLOGNESE

HAZIRLIK:30 dakika pişirme: 1 saat 30 dakika pişirme: 35 dakika Yapım: 6 porsiyon

YEDIĞINI SANDIĞINDATHE PALEO DIET®'I BAŞLATTIĞINIZDA SON YEMEĞINIZ OLAN ET SOSLU SPAGETTI'YI DÜŞÜNÜN. SARIMSAKLI, KIRMIZI ŞARAPLI VE DÜNYEVI PORCINI IÇEREN BU ZENGIN BOLONEZ, TATLI, DIŞLI SPAGETTI ŞERITLERIYLE KAPLIDIR. MAKARNA ILE HIÇBIR ŞEYI KAÇIRMAZSINIZ.

1 ons kurutulmuş porçini mantarı
1 su bardağı kaynar su
3 yemek kaşığı sızma zeytinyağı
1 kiloluk yer bizonu
1 su bardağı ince doğranmış havuç (2)
½ su bardağı doğranmış soğan (1 orta boy)
½ su bardağı ince kıyılmış kereviz (1 sap)
4 diş sarımsak, doğranmış
3 yemek kaşığı tuzsuz domates salçası
½ fincan kırmızı şarap
2 15 onsluk kutu tuzsuz doğranmış domates
1 çay kaşığı ezilmiş kuru kekik
1 çay kaşığı kıyılmış kuru kekik
½ çay kaşığı karabiber
1 orta boy spagetti kabağı (2½ ila 3 pound)
1 baş sarımsak

1. Porcini mantarını ve kaynar suyu küçük bir kapta karıştırın. 15 dakika bekletin. %100 pamukla kaplı bir süzgeçten süzün, ıslatma sıvısını saklayın. mantarları doğrayın; sayfa ayarla.

2. 4-5 litrelik bir fırında 1 çorba kaşığı zeytinyağını orta-yüksek ateşte ısıtın. Öğütülmüş bizon, havuç, soğan, kereviz ve sarımsağı ekleyin. Etler suyunu salıp, sebzeler yumuşayıncaya kadar tahta kaşıkla karıştırarak etin dağılmasını sağlayın. Salça ekleyin; 1 dakika kaynatın ve karıştırın. Kırmızı şarap ekleyin; 1 dakika kaynatın ve karıştırın. Mantar, domates, kekik, kekik ve biberi ilave edip karıştırın. Kasenin dibinde kum veya çakıl olmadığından emin olarak mantarlardan ayrılmış sıvıyı ekleyin. Ara sıra karıştırarak kaynatın; Isıyı düşük seviyeye indirin. Örtün ve 1½ ila 2 saat veya istenen kalınlığa ulaşılana kadar pişirin.

3. Bu arada, fırını 375°F'ye ısıtın. Balkabağını uzunlamasına ikiye bölün; tohumları kazıyın. Kabak yarımlarını, tarafı aşağı gelecek şekilde büyük bir fırın tepsisine yerleştirin. Cildi bir çatalla delin. Sarımsak başının üst kısmını ½ inç kadar kesin. Güveçte bal kabağına kıyılmış sarımsak ekleyin. Kalan 1 çorba kaşığı zeytinyağı ile gezdirin. 35 ila 45 dakika veya kabak ve sarımsak yumuşayana kadar pişirin.

4. Bir kaşık ve çatal kullanarak balkabağının her bir yarısından kabak etini çıkarın ve kesin. Bir kaseye koyun ve sıcak tutmak için örtün. Sarımsak yeterince soğuduğunda, karanfilleri çıkarmak için soğanın altını

sıkın. Sarımsak karanfillerini bir çatalla ezin. Ezilmiş sarımsağı balkabağına karıştırın ve eşit şekilde dağıtın. Servis yapmak için sosu kabak karışımının üzerine dökün.

BISON CHILI CON CARNE

HAZIRLIK:25 dakika pişirme: 1 saat 10 dakika şu anlama gelir: 4 porsiyon

ŞEKERSIZ ÇIKOLATA, KAHVE VE TARÇINBU LEZZETLI FAVORIYE ILGI KATIN. DAHA DA DUMANLI BIR TAT IÇIN, NORMAL KIRMIZI BIBERI 1 ÇORBA KAŞIĞI TATLI FÜME KIRMIZI BIBERLE DEĞIŞTIRIN.

- 3 yemek kaşığı sızma zeytinyağı
- 1 kiloluk yer bizonu
- ½ su bardağı doğranmış soğan (1 orta boy)
- 2 diş sarımsak, doğranmış
- 2 14,5 onsluk kutu tuz eklenmemiş doğranmış domates, tuzsuz
- 1 6 ons tuzsuz domates salçası
- 1 su bardağı dana kemik suyu (bkz.<u>yemek tarifi</u>) veya ilave tuz içermeyen et suyu
- ½ fincan sert kahve
- 2 ons %99 kakao pişirme çubukları, doğranmış
- 1 yemek kaşığı kırmızı biber
- 1 çay kaşığı öğütülmüş kimyon
- 1 çay kaşığı kurutulmuş kekik
- 1½ çay kaşığı Dumanlı Baharat (bkz.<u>yemek tarifi</u>)
- ½ çay kaşığı öğütülmüş tarçın
- ⅓ su bardağı pepitas
- 1 çay kaşığı zeytinyağı
- ½ su bardağı kaju kreması (bkz.<u>yemek tarifi</u>)
- 1 çay kaşığı taze limon suyu

½ su bardağı taze kişniş yaprağı

4 limon dilimi

1. 3 yemek kaşığı zeytinyağını bir Hollanda fırınında orta-yüksek ateşte ısıtın. Öğütülmüş bizonu, soğanı ve sarımsağı ekleyin; Etin parçalanması için tahta bir kaşıkla karıştırarak 5 dakika veya et kızarana kadar pişirin. Süzülmemiş domates, salça, dana kemik suyu, kahve, fırın çikolatası, kırmızı biber, kimyon, kekik, 1 çay kaşığı tütsü ve tarçını karıştırın. kaynamak; Sıcaklığı azalt. Örtün ve ara sıra karıştırarak 1 saat pişirin.

2. Bu arada, küçük bir tavada pepitaları 1 çay kaşığı zeytinyağında orta-yüksek ateşte patlayıp altın rengine dönene kadar kızartın. Pepitaları küçük bir kaseye koyun. kalan ½ çay kaşığı Dumanlı Baharatı ekleyin; ceketi giy.

3. Kaju kremasını ve limon suyunu küçük bir kapta karıştırın.

4. Servis etmek için biberleri kaselere alın. Kaju kreması, pepitas ve kişniş ile üst kısımlar. Kireç dilimleri ile servis yapın.

IZGARA LIMONLU FAS BAHARATLI BIZON BIFTEĞI

HAZIRLIK:10 dakika ızgara: 10 dakika Yapılışı: 4 porsiyon

BU HIZLI BIFTEKLERI SERVIS EDINSOĞUK VE ÇITIR ÇITIR BAHARATLI HAVUÇLU LAHANA SALATASI ILE (BKZ.YEMEK TARIFI). BIR ZIYAFET ISTIYORSANIZ, HINDISTANCEVIZI KREMALI IZGARA ANANAS (BKZ.YEMEK TARIFI) YEMEĞI BITIRMEK IÇIN IYI BIR YOL OLURDU.

2 yemek kaşığı öğütülmüş tarçın
2 kaşık kırmızı biber
1 yemek kaşığı sarımsak tozu
¼ çay kaşığı acı biber
4 6 ons bizon fileto mignon biftek, ¾ ila 1 inç kalınlığında dilimlenmiş
2 limon, yatay olarak ikiye bölünmüş

1. Küçük bir kapta tarçın, kırmızı biber, sarımsak tozu ve acı biberi karıştırın. Biftekleri kağıt havluyla kurulayın. Bifteklerin her iki tarafını da baharat karışımıyla ovun.

2. Kömürlü veya gazlı ızgara için, biftekleri doğrudan orta-yüksek ateşte ızgara rafına yerleştirin. Örtün ve orta sıcaklıkta (145°F) 10 ila 12 dakika veya orta sıcaklıkta (155°F) 12 ila 15 dakika ızgara yapın. Pişirmenin yarısında bir kez çevirin. Bu arada, limon yarımlarını yüzü aşağı gelecek şekilde bir pişirme rafına yerleştirin. 2 ila 3 dakika veya hafifçe kömürleşene ve sulu olana kadar ızgara yapın.

3. Biftekleri ezmek için ızgara limon dilimleri ile servis yapın.

HERBES DE PROVENCE RENDELENMİŞ BİZON

HAZIRLIK:15 dakika pişirme: 15 dakika kızartma: 1 saat 15 dakika bekleme: 15 dakika: 4 porsiyon

HERBES DE PROVENCE BIR KARIŞIMDIRGÜNEY FRANSA'DA BOLCA YETIŞEN KURUTULMUŞ OTLAR. KARIŞIM GENELLIKLE FESLEĞEN, REZENE TOHUMU, LAVANTA, MERCANKÖŞK, BIBERIYE, ADAÇAYI, YAZ ADAÇAYI VE KEKIĞIN BIR KOMBINASYONUNU IÇERIR. BU AMERIKAN ROSTOSUNDA LEZZET HARIKA.

13 kiloluk bizon fileto
3 yemek kaşığı Provence otları
4 yemek kaşığı sızma zeytinyağı
3 diş sarımsak, doğranmış
4 küçük yaban havucu, soyulmuş ve doğranmış
2 olgun armut, soyulmuş ve dilimlenmiş
½ fincan şekersiz armut nektarı
1 ila 2 çay kaşığı taze kekik

1. Fırını 375°F'ye ısıtın. Kızartmanın yağını kesin. Küçük bir kapta Provence otlarını, 2 yemek kaşığı zeytinyağını ve sarımsağı birleştirin; kızartmanın üzerine sürün.

2. Kızartmayı derin olmayan bir tavada tel ızgaranın üzerine koyun. Kızartmanın ortasına bir fırın termometresi yerleştirin. * Kapaksız 15 dakika kavurun. Fırın sıcaklığını 300° F'ye düşürün. 60 ila 65 dakika daha veya et termometresi 140° F'yi (orta

pişmiş) gösterene kadar pişirin. Folyo ile örtün ve 15 dakika bekletin.

3. Kalan 2 yemek kaşığı zeytinyağını büyük bir tavada orta-yüksek ateşte ısıtın. yaban havucu ve armut ekleyin; Ara sıra karıştırarak 10 dakika veya yaban havucu gevrek ve yumuşayana kadar pişirin. armut nektarı ekleyin; 5 dakika veya sos hafifçe kalınlaşana kadar pişirin. Kekik serpin.

4. Rostoyu ince dilimler halinde kesin. Eti yaban havucu ve armutla birlikte servis edin.

*İpucu: Bizon çok yağsızdır ve sığır etinden daha hızlı pişer. Ayrıca etin rengi sığır etinden daha kırmızıdır, bu nedenle pişip pişmediğini belirlemek için görsel bir ipucuna güvenemezsiniz. Etin ne zaman yapıldığını bilmek için bir et termometresine ihtiyacınız olacak. Bir fırın termometresi idealdir, ancak gerekli değildir.

MANDALINA GREMOLATA VE KEREVIZ KÖKÜ PÜRESI ILE KAHVEDE KAVRULMUŞ BIZON KISA KABURGA

HAZIRLIK: 15 dakika Pişirme süresi: 2 saat 45 dakika Yapım: 6 porsiyon

BIZON KISA KABURGALARI BÜYÜK VE ETLIDIR. YUMUŞAK OLMALARI IÇIN SIVI IÇINDE IYI BIR UZUN KAYNAMAYA IHTIYAÇLARI VARDIR. MANDALINA KABUKLU GREMOLATA, BU LEZZETLI YEMEĞIN TADINI ZENGINLEŞTIRIYOR.

TURŞUSU
- 2 bardak su
- 3 fincan sert kahve, soğutulmuş
- 2 su bardağı taze mandalina suyu
- 2 yemek kaşığı kıyılmış taze biberiye
- 1 çay kaşığı iri çekilmiş karabiber
- 4 pound bizon kısa kaburga, ayırmak için kaburgalar arasında kesilmiş

BOĞULMA
- 2 yemek kaşığı zeytinyağı
- 1 çay kaşığı karabiber
- 2 bardak doğranmış soğan
- ½ bardak kıyılmış arpacık
- 6 diş sarımsak, doğranmış
- 1 jalapeño biber, çekirdekleri çıkarılmış ve dilimlenmiş (bkz. armağan)
- 1 fincan sert kahve

1 su bardağı dana kemik suyu (bkz.yemek tarifi) veya ilave tuz içermeyen et suyu
¼ fincan paleo ketçap (bkz.yemek tarifi)
2 yemek kaşığı Dijon hardalı (bkz.yemek tarifi)
3 yemek kaşığı elma sirkesi
Kereviz kökü posası (bkz.yemek tarifi, altında)
Mandalina Gremolata (bkz.yemek tarifi, Sağ)

1. Marine için, tepkimeye girmeyen büyük bir kapta (cam veya paslanmaz çelik) suyu, soğutulmuş kahveyi, mandalina suyunu, biberiyeyi ve karabiberi karıştırın. kaburga ekleyin. Gerekirse, su altında kalmaları için kaburgaların üzerine bir tabak yerleştirin. Örtün ve 4 ila 6 saat soğutun, bir kez savurun ve savurun.

2. Kızartma için fırını 325°F'ye ısıtın. Kaburgaları boşaltın ve turşuyu atın. Kaburgaları kağıt havlularla kurulayın. Zeytinyağını büyük bir Hollanda fırınında orta-yüksek ateşte ısıtın. Kaburgaları karabiberle tatlandırın. Kaburgaları partiler halinde her tarafları kızarana kadar, parti başına yaklaşık 5 dakika kavurun. Geniş bir tabağa yerleştirin.

3. Soğanı, arpacık soğanı, sarımsağı ve jalapeño'yu tavaya ekleyin. Isıyı orta seviyeye düşürün, örtün ve sebzeler yumuşayana kadar pişirin. Bunları ara sıra yaklaşık 10 dakika karıştırın. Kahve ve et suyu ekleyin; Kızarmış parçaları karıştırın ve kazıyın. Paleo ketçap, Dijon hardalı ve sirkeyi ekleyin. Haydi kaynatalım. kaburga ekleyin. Örtün ve fırına yerleştirin. Et yumuşayana kadar yaklaşık 2 saat 15 dakika pişirin, hafifçe karıştırın ve kaburgaları bir veya iki kez yeniden düzenleyin.

4. Kaburgaları bir tabağa koyun; Isıtma için folyolu çadır. sosun yüzeyinden kaşık yağı. Sosu 2 bardağa düşene kadar yaklaşık 5 dakika pişirin. Kereviz kökü kütlesini 6 tabağa bölün; Kaburga ve sos ile doldurun. Mandalina gremolata serpin.

Kereviz Kökü Karışımı: Büyük bir tencerede, soyulmuş ve 1 inçlik parçalar halinde kesilmiş 3 libre kereviz kökü ile 4 bardak tavuk kemiği suyunu birleştirin (bkz.<u>yemek tarifi</u>) veya tuzsuz tavuk çorbaları. kaynamak; Sıcaklığı azalt. Kereviz kökünü boşaltın ve çorbayı saklayın. Kereviz kökünü tencereye geri koyun. 1 çorba kaşığı zeytinyağı ve 2 çay kaşığı kıyılmış taze kekik ekleyin. Kereviz kökünü ezmek için bir patates ezici kullanın ve gerekirse istenen kıvama ulaşmak için birkaç yemek kaşığı et suyu ekleyin.

Mandalina Gremolata: Küçük bir kapta ½ fincan taze maydanoz, 2 yemek kaşığı ince kıyılmış mandalina kabuğu ve 2 diş kıyılmış sarımsak atın.

DANA KEMIK ÇORBASI

HAZIRLIK:25 dakika kavurma: 1 saat pişirme: 8 saat pişirme: 8 ila 10 bardak

KEMIKSIZ ÖKÜZ KUYRUĞUNDAN SON DERECE LEZZETLI BIR ÇORBA YAPILIR.BUNU, SIĞIR SUYU GEREKTIREN HERHANGI BIR TARIFTE VEYA SADECE GÜNÜN HERHANGI BIR SAATINDE TEK FINCANLIK BIR PICK-ME-UP OLARAK KULLANABILIRSINIZ. ESKIDEN ÖKÜZDEN GELMELERINE RAĞMEN, ÖKÜZ KUYRUĞU ARTIK SIĞIRDAN GELIYOR.

5 havuç, kabaca doğranmış

5 kereviz sapı, kabaca doğranmış

2 sarı soğan, soyulmamış, ikiye bölünmüş

8 ons beyaz mantar

1 baş sarımsak, soyulmamış, ikiye bölünmüş

2 pound öküz kuyruğu kemiği veya sığır kemiği

2 domates

12 su bardağı soğuk su

3 defne yaprağı

1. Fırını 400°F'ye ısıtın. Havuçları, kerevizi, soğanı, mantarları ve sarımsağı büyük bir kızartma tavasında veya sığ bir tabakta düzenleyin. Kemikleri sebzelerin üzerine yerleştirin. Domatesleri pürüzsüz olana kadar bir mutfak robotunda karıştırın. Üzeri için domatesleri kemiklerin üzerine yayın (pürenin bir kısmı tavaya ve sebzelere damlarsa sorun olmaz). 1 ila 1½ saat veya kemikler kızarana ve sebzeler karamelleşene kadar pişirin. Kemikleri ve sebzeleri

10-12 litrelik bir fırına veya tencereye aktarın. (Tencerenin dibinde domates karışımının bir kısmı karamelleşirse tavaya 1 su bardağı sıcak su ilave edip sıyırın. Suyu kemiklerin ve sebzelerin üzerine dökün ve suyu 1 su bardağı azaltın.

2. Karışımı orta-yüksek ateşte yavaşça kaynatın. Isıyı azaltın; Çorbayı örtün ve ara sıra karıştırarak 8 ila 10 saat pişirin.

3. Çorbayı süzün; Kemikleri ve sebzeleri atın. soğuk çorba; Çorbayı saklama kaplarına aktarın ve 5 güne kadar buzdolabında saklayın; 3 aya kadar dondurun.
*

Yavaş Pişirici Talimatları: 6-8 litrelik bir yavaş pişirici için 1 pound sığır kemiği, 3 havuç, 3 kereviz çubuğu, 1 sarı soğan ve 1 soğan sarımsak kullanın. 1 adet domatesi püre haline getirin ve kemiklerinin üzerine rendeleyin. Belirtildiği gibi pişirin ve kemikleri ve sebzeleri yavaş pişiriciye ekleyin. Karamelize domatesleri tarife göre rendeleyin ve yavaş pişiriciye ekleyin. Üzerini kapatacak kadar su ekleyin. Örtün ve çorba kaynayana kadar yaklaşık 4 saat yüksek ateşte pişirin. Isıyı düşük seviyeye indirin; 12 ila 24 saat pişirin. suyu süzün; Kemikleri ve sebzeleri atın. Belirtildiği şekilde saklayın.

*İpucu: Çorbadaki yağın çıkarılmasını kolaylaştırmak için çorbayı gece boyunca kapalı bir kapta buzdolabında saklayın. Yağ yukarı doğru yükselir ve kolayca kazınabilen katı bir tabaka oluşturur. Soğuduktan sonra çorba koyulaşabilir.

BAHARATLAR VE BAHARATLI TATLI PATATES ILE TUNUS DOMUZ OMZU

HAZIRLIK:25 dakika kavurma: 4 saat pişirme: 30 dakika
Yapım: 4 porsiyon

BU HARIKA BIR YEMEKSOĞUK BIR SONBAHAR GÜNÜNDE. ET FIRINDA SAATLERCE PIŞER, BÖYLECE EVINIZ HARIKA KOKAR VE BAŞKA ŞEYLER YAPMAYA ZAMANINIZ OLUR. FIRINDA PIŞMIŞ TATLI PATATES KIZARTMASI, BEYAZ PATATES KADAR ÇITIR ÇITIR OLMAZ, ANCAK KENDI BAŞLARINA, ÖZELLIKLE SARIMSAK MAYONEZINE BATIRILDIĞINDA LEZZETLIDIR.

DOMUZ ETI
- 1 2½ ila 3 kiloluk kemikli domuz omzu kızartma
- 2 çay kaşığı öğütülmüş ancho pul biber
- 2 çay kaşığı öğütülmüş kimyon
- 1 çay kaşığı kimyon, hafifçe ezilmiş
- 1 çay kaşığı öğütülmüş kişniş
- ½ çay kaşığı öğütülmüş zerdeçal
- ¼ çay kaşığı öğütülmüş tarçın
- 3 yemek kaşığı zeytinyağı

KIZARTMA
- 4 orta boy tatlı patates (yaklaşık 2 pound), soyulmuş ve ½ inç dilimler halinde kesilmiş
- ½ çay kaşığı öğütülmüş kırmızı biber
- ½ çay kaşığı soğan tozu
- ½ çay kaşığı sarımsak tozu

zeytin yağı
1 soğan, ince dilimlenmiş
Paleo Aïoli (Sarımsaklı Mayonez) (bkz.yemek tarifi)

1. Fırını 300°F'ye ısıtın. Etin yağını kesin. Küçük bir kapta öğütülmüş ancho chili biberi, öğütülmüş kimyon, kimyon, kişniş, zerdeçal ve tarçını birleştirin. Eti baharat karışımıyla serpin; Parmaklarınızla etin içine eşit şekilde sürün.

2. 5-6 litre dayanıklı bir Hollanda fırınında 1 çorba kaşığı zeytinyağını orta-yüksek ateşte ısıtın. Domuz eti kızgın yağda her taraftan kızartın. Örtün ve yaklaşık 4 saat veya çok yumuşayana ve bir et termometresi 190° F'yi gösterene kadar pişirin. Hollandalı fırını fırından çıkarın. Hollandalı fırında 1 çorba kaşığı yağ bırakarak tatlı patates kızartması ve soğanı yaparken üzerini kapatın.

3. Fırın sıcaklığını 400° F'ye yükseltin. Tatlı patates kızartması için, tatlı patatesleri, kalan 2 yemek kaşığı zeytinyağını, ezilmiş kırmızı biberi, soğan tozunu ve sarımsak tozunu büyük bir kapta birleştirin. ceketi giy. Bir büyük fırın tepsisini veya iki küçük fırın tepsisini folyo ile kaplayın; Ekstra zeytinyağı ile fırçalayın. Hazırlanan fırın tepsilerinde tatlı patatesleri tek bir tabaka halinde düzenleyin. Yaklaşık 30 dakika veya yumuşayana kadar pişirin, patatesleri pişirme işleminin yarısında bir kez çevirin.

4. Bu sırada eti Hollanda fırınından çıkarın. Sıcak tutmak için folyo ile örtün. Damlamaları boşaltın ve yağın 1

çorba kaşığını ayırın. Kaydedilen yağı Hollanda fırınına geri koyun. soğan ekleyin; Ara sıra karıştırarak orta-yüksek ateşte yaklaşık 5 dakika veya yumuşayana kadar pişirin.

5. Domuz etini ve soğanı servis tabağına alın. İki çatal kullanarak domuz etini büyük parçalara ayırın. Çekilmiş domuz eti ve patates kızartmasını Paleo Aïoli ile servis edin.

KÜBA IZGARA DOMUZ OMUZ

HAZIRLIK:Marine 15 dakika: 24 saat Izgara: 2 saat 30 dakika Ayakta: 10 dakika Yapım: 6 ila 8 porsiyon

MENŞE ÜLKESINDE "LECHON ASADO" OLARAK BILINEN,BU DOMUZ ROSTOSU, TAZE NARENCIYE SULARI, BAHARATLAR, EZILMIŞ KIRMIZI BIBER VE BÜTÜN BIR SOĞAN KIYILMIŞ SARIMSAK KOMBINASYONUNDA MARINE EDILIR. BIR GECE BEKLETTIKTEN SONRA KIZGIN KÖMÜRLERIN ÜZERINDE PIŞIRMEK ONA INANILMAZ BIR LEZZET VERIYOR.

1 baş sarımsak, dişleri ayrılmış, soyulmuş ve doğranmış
1 su bardağı iri kıyılmış soğan
1 su bardağı zeytinyağı
1⅓ su bardağı taze limon suyu
⅔ bardak taze portakal suyu
1 yemek kaşığı öğütülmüş kimyon
1 yemek kaşığı kurutulmuş kekik, doğranmış
2 çay kaşığı taze çekilmiş karabiber
1 çay kaşığı öğütülmüş kırmızı biber
1 4- ila 5 kiloluk kemiksiz domuz rostosu

1. Marine için sarımsağı dişlere ayırın. karanfilleri soyun ve doğrayın; Büyük bir kaseye koyun. Soğan, zeytinyağı, limon suyu, portakal suyu, kimyon, kekik, karabiber ve ezilmiş kırmızı biberi ekleyin. İyice karıştırın ve kenara koyun.

2. Domuz rostosu bir kemik bıçağıyla derin bir şekilde delin. Kızartmayı dikkatli bir şekilde turşunun içine koyun ve mümkün olduğu kadar çok sıvı emdirin.

Kaseyi plastik ambalajla sıkıca kapatın. Buzdolabında bir kez çevirerek 24 saat marine edin.

3. Domuz etini marineden çıkarın. Marinayı orta boy bir tavaya dökün. kaynamak; 5 dakika pişmesine izin verin. Ocaktan alıp soğumaya bırakın. Kenara koymak.

4. Kömürlü ızgara için, sıvıyı tutması için bir tepsinin etrafına orta derecede sıcak kömürler koyun. Tavayı orta ateşte kontrol edin. Eti bir boşaltma kabının üzerindeki tel rafa koyun. Örtün ve 2½ ila 3 saat veya anında okunan bir termometre rosto merkezinde 140 ° F okuyana kadar ızgara yapın. (Gazlı ızgara için, ızgarayı önceden ısıtın. Isıyı orta-düşük seviyeye düşürün. Dolaylı pişirme için ayarlayın. Eti kapalı ocağın üzerindeki kızartma rafına yerleştirin. Örtün ve belirtildiği gibi pişirin.) Eti ızgaradan çıkarın. Folyo ile örtün ve oymadan veya soymadan önce 10 dakika bekletin.

SEBZELİ İTALYAN BAHARATLI RENDELENMİŞ DOMUZ ROSTOSU

HAZIRLIK: 20 dakika Pişirme: 2 saat 25 dakika Bekleme: 10 dakika Yapım: 8 porsiyon

"TAZE EN IYISIDIR" IYI BIR MANTRADIRÇOĞU ZAMAN YEMEK PIŞIRMEYE GELINCE TAKIP EDIN. ANCAK KURUTULMUŞ OTLAR ETE SÜRMEK IÇIN ÇOK UYGUNDUR. OTLAR KURUTULDUĞUNDA TATLARI YOĞUNLAŞIR. MAYDANOZ, REZENE, KEKIK, SARIMSAK VE BAHARATLI EZILMIŞ KIRMIZI BIBERLE TATLANDIRILMIŞ BU İTALYAN USULÜ ROSTODA OLDUĞU GIBI ETIN NEMI ILE TEMAS ETTIKLERINDE TATLARINI AÇIĞA ÇIKARIRLAR.

2 yemek kaşığı kıyılmış kuru maydanoz

2 yemek kaşığı ezilmiş rezene tohumu

4 çay kaşığı ezilmiş kuru kekik

1 çay kaşığı taze çekilmiş karabiber

½ çay kaşığı öğütülmüş kırmızı biber

4 diş sarımsak, doğranmış

1 4 kiloluk kemikli domuz omzu

1 ila 2 yemek kaşığı zeytinyağı

1¼ bardak su

2 orta boy soğan, soyulmuş ve halkalar halinde kesilmiş

1 büyük rezene soğanı, ayıklanmış, çekirdekleri çıkarılmış ve halkalar halinde kesilmiş

2 pound Brüksel lahanası

1. Fırını 325°F'ye ısıtın. Küçük bir kasede maydanoz, rezene tohumu, kekik, karabiber, ezilmiş kırmızı

biber ve sarımsağı birleştirin. kenara koymak. Gerekirse rosto domuz etini gevşetin. Etin yağını kesin. Etin her tarafını baharat karışımıyla ovun. İstenirse, bir arada tutmak için kızartmayı tekrar bağlayın.

2. Yağı bir Hollanda fırınında orta-yüksek ateşte ısıtın. Kızgın yağda etin her tarafını kızartın. Yağı boşaltın. Hollandalı fırında kızartmanın etrafına su dökün. 1 buçuk saat üstü açık olarak pişirin. Soğanı ve rezeneyi rosto domuzun etrafına yerleştirin. Örtün ve 30 dakika daha kızartın.

3. Bu sırada Brüksel lahanalarının saplarını kesin ve solmuş dış yapraklarını çıkarın. Brüksel lahanalarını ortadan ikiye kesin. Brüksel lahanalarını Hollanda fırınına koyun ve diğer sebzelerin üzerine dizin. Örtün ve 30 ila 35 dakika daha veya sebzeler ve etler yumuşayana kadar pişirin. Eti servis tabağına alın ve üzerini folyo ile kapatın. Dilimlemeden önce 15 dakika bekletin. Kaplamak için tava sularını sebzelerin üzerine dökün. Oluklu bir kaşık kullanarak sebzeleri servis tabağından veya kaseden çıkarın. sıcak tutmak için örtün.

4. Büyük bir kaşıkla meyve suyundaki yağı alın. Tencerede kalan suyu bir süzgeçten geçirin. Domuzu dilimleyin ve kemiği çıkarın. Eti sebzeler ve tava suları ile servis edin.

YAVAŞ BIR TENCEREDE DOMUZ ETI BONFILE

HAZIRLIK:20 dakika yavaş pişirme: 8 ila 10 saat (düşük) veya 4 ila 5 saat (yüksek) verim: 8 porsiyon

KIMYON, KIŞNIŞ, KEKIK, DOMATES, BADEM, KURU ÜZÜM, ACI BIBER VE ÇIKOLATA ILEBU ZENGIN VE LEZZETLI SOSTA ÇOK ŞEY VAR - ÇOK IYI BIR ŞEKILDE. GÜNE ÇIKMADAN ÖNCE GÜNE BAŞLAMAK IÇIN MÜKEMMEL BIR ÖĞÜN. EVE GELDIĞINIZDE AKŞAM YEMEĞI NEREDEYSE HAZIRDIR VE EVINIZ HARIKA KOKAR.

- 1 3 kiloluk kemiksiz domuz rostosu
- 1 su bardağı iri kıyılmış soğan
- 3 diş sarımsak, dilimlenmiş
- 1½ su bardağı dana kemik suyu (bkz. yemek tarifi), tavuk kemiği suyu (bkz. yemek tarifi) veya ilave tuz içermeyen et veya tavuk suyu
- 1 yemek kaşığı öğütülmüş kimyon
- 1 yemek kaşığı öğütülmüş kişniş
- 2 çay kaşığı kurutulmuş kekik, doğranmış
- 1 15 onsluk doğranmış domatesleri tuz eklenmeden, süzülmüş
- 16 onsluk tuz eklenmemiş domates salçası
- ½ fincan dilimlenmiş badem, kızartılmış (bkz. armağan)
- ¼ bardak kükürtlenmemiş altın kuru üzüm veya kuş üzümü
- 2 ons şekersiz çikolata (Scharffen Berger %99 Kakao Barları gibi), iri kıyılmış
- 1 kurutulmuş bütün ancho veya chipotle acı biber

2 4 inç çubuk tarçın
¼ fincan taze kişniş
1 avokado, soyulmuş, çekirdekli ve ince dilimlenmiş
1 kivi dilimler halinde kesin
⅓ su bardağı kızartılmış tuzsuz yeşil kabak çekirdeği (isteğe bağlı) (bkz.<u>armağan</u>)

1. Domuz rostosundaki yağı kesin. Gerekirse, eti 5-6 litre yavaş pişiriciye uyacak şekilde kesin. kenara koymak.

2. Yavaş bir ocakta soğan ve sarımsağı karıştırın. 2 fincanlık bir cam ölçüm kabında, sığır kemik suyu, kimyon, kişniş ve kekiği birleştirin. tencereye dökün. Doğranmış domatesleri, salçaları, bademleri, kuru üzümleri, çikolatayı, kuru acı biberleri ve çubuk tarçını ilave edip karıştırın. Eti ocağa koyun. Üzerine domatesli karışımdan biraz dökün. Örtün ve düşükte 8 ila 10 saat veya yüksekte 4 ila 5 saat veya domuz eti yumuşayana kadar pişirin.

3. Domuzu bir kesme tahtasına aktarın; biraz soğumaya bırakın. Eti iki çatalla parçalara ayırın. Eti folyo ile örtün ve bir kenara koyun.

4. Kurutulmuş acı biberi ve tarçın çubuklarını çıkarıp atın. Büyük bir kaşıkla domates karışımındaki yağı alın. Domates karışımını bir karıştırıcıya veya mutfak robotuna aktarın. Örtün ve neredeyse pürüzsüz olana kadar karıştırın veya işleyin. Yavaş pişiriciye dilimlenmiş domuz eti ve sosu ekleyin. Servis yapmadan önce 2 saate kadar kısık ateşte sıcak tutun.

5. Servis yapmadan hemen önce kişniş ekleyin. Köstebeği kaselerde servis edin ve avokado dilimleri, limon dilimleri ve istenirse kabak çekirdeği ile süsleyin.

KIMYON BAHARATLI DOMUZ ETI VE KABAK GÜVEÇ

HAZIRLIK:30 dakika pişirin: 1 saat Yapar: 4 porsiyon

BIBERLI HARDAL YEŞILLIKLERI VE BALKABAGIDOĞU AVRUPA LEZZETLERIYLE TATLANDIRILMIŞ BU GÜVECE CANLI RENKLER VE BIR DIZI VITAMIN, LIF VE FOLIK ASIT EKLEYIN.

- 1 1¼ ila 1½ pound domuz omzu
- 1 yemek kaşığı kırmızı biber
- 1 yemek kaşığı kimyon, ince kıyılmış
- 2 çay kaşığı kuru hardal
- ¼ çay kaşığı acı biber
- 2 yemek kaşığı rafine hindistan cevizi yağı
- 8 ons ince dilimlenmiş taze mantar
- 2 sap kereviz, çapraz olarak 1 inçlik dilimler halinde kesin
- 1 küçük kırmızı soğan, ince dilimlenmiş
- 6 diş sarımsak, doğranmış
- 5 su bardağı tavuk kemiği suyu (bkz.yemek tarifi) veya ilave tuz içermeyen tavuk suyu
- 2 su bardağı küp doğranmış kabak
- 3 su bardağı iri kıyılmış, dilimlenmiş hardal yeşillikleri veya lahana
- 2 yemek kaşığı öğütülmüş taze adaçayı
- ¼ fincan taze limon suyu

1. Domuzun yağını kesin. Domuzu 1½ inçlik küpler halinde kesin; Büyük bir kaseye koyun. Küçük bir kasede kırmızı biber, kimyon, kuru hardal ve acı

biberi karıştırın. Domuz eti serpin ve eşit olarak dağıtın.

2. 4-5 litrelik bir fırında hindistancevizi yağını orta-yüksek ateşte ısıtın. Etin yarısını ekleyin; ara sıra karıştırarak kahverengi olana kadar pişirin. Eti tavadan alın. Kalan et ile tekrarlayın. eti bir kenara koyun.

3. Mantarları, kerevizi, kırmızı soğanı ve sarımsağı Hollandalı bir fırına koyun. Ara sıra karıştırarak 5 dakika pişirin. Eti Hollanda fırınına geri koyun. Tavuk kemik suyunu dikkatlice dökün. kaynamak; Sıcaklığı azalt. Örtün ve 45 dakika pişirin. Balkabağını karıştırın. Örtün ve 10 ila 15 dakika daha veya domuz eti ve kabak yumuşayana kadar pişirin. Hardal yeşillikleri ve adaçayı karıştırın. 2 ila 3 dakika veya kereviz yumuşayana kadar pişirin. Limon suyunu karıştırın.

BRENDİ SOSLU MEYVE DOLGULU FİLETO

HAZIRLIK:30 dakika Pişirme: 10 dakika Kızartma: 1 saat 15 dakika Beklemede: 15 dakika Yapım: 8 ila 10 porsiyon

BU ZARİF KIZARTMA,ÖZEL GÜN VEYA AİLE TOPLANTISI - ÖZELLİKLE SONBAHARDA. ELMA, KÜÇÜK HİNDİSTAN CEVİZİ, KURU MEYVE VE CEVİZ GİBİ TATLARI BU SEZONUN ÖZÜNÜ YAKALIYOR. TATLI PATATES PÜRESİ, YABAN MERSİNİ VE KAVRULMUŞ LAHANA SALATASI İLE SERVİS YAPIN (BKZ.<u>YEMEK TARİFİ</u>).

KAVRULMUŞ ET
   1 yemek kaşığı zeytinyağı
   2 su bardağı doğranmış, soyulmuş Granny Smith elması (yaklaşık 2 orta boy)
   1 arpacık soğan, ince kıyılmış
   1 yemek kaşığı kıyılmış taze kekik
   ¾ çay kaşığı taze çekilmiş karabiber
   ⅛ çay kaşığı öğütülmüş hindistan cevizi
   ½ su bardağı doğranmış kükürtsüz kuru kayısı
   ¼ bardak kıyılmış ceviz, kızartılmış (bkz.<u>armağan</u>)
   1 su bardağı tavuk kemiği suyu (bkz.<u>yemek tarifi</u>) veya ilave tuz içermeyen tavuk suyu
   1 3 kiloluk kemiksiz domuz rostosu (bir fileto)

BRENDİ SOSU
   2 yemek kaşığı elma sirkesi
   2 yemek kaşığı brendi
   1 çay kaşığı Dijon hardalı (bkz.<u>yemek tarifi</u>)

Taze çekilmiş karabiber

1. Dolguyu yapmak için zeytinyağını büyük bir tavada orta-yüksek ateşte ısıtın. Elma, arpacık soğanı, kekik, ¼ çay kaşığı biber ve hindistan cevizi ekleyin; Ara sıra karıştırarak 2 ila 4 dakika veya elmalar ve arpacık soğanları yumuşak ve açık altın rengi olana kadar pişirin. Kayısı, ceviz ve 1 çorba kaşığı et suyunu karıştırın. Kayısıların yumuşaması için 1 dakika kadar ağzı açık pişirin. Ocaktan alıp kenara alın.

2. Fırını 325°F'ye ısıtın. Rostoyu ortasından uzunlamasına keserek ve diğer taraftan yarım santimetre kırparak kesin. Kızartmayı açın. Bıçağı, V'nin bir tarafına yatay olarak bakacak şekilde V kesimine yerleştirin ve kenarın yarım inç içinde kesin. V harfinin diğer tarafında tekrarlayın. Rostoyu açın ve streç filmle kapatın. Et tokmağı ile ortasından kenarlarına doğru yaklaşık 1 cm kalınlığa gelene kadar dövün. Plastik sargıyı çıkarın ve atın. Dolguyu rosto üzerine yayın. Kızartmayı daha kısa bir kenardan başlayarak spiral şeklinde sarın. Kızartmayı bir arada tutmak için %100 pamuklu mutfak ipiyle birkaç yerden bağlayın.

3. Kızartmayı derin olmayan bir tavada tel ızgaranın üzerine koyun. Kızartmanın ortasına bir fırın termometresi yerleştirin (doldurmaya değil). 1 saat 15 dakika ila 1 saat 30 dakika arasında veya bir termometre 145 ° F'yi okuyana kadar üstü açık olarak pişirin. Kızartmayı çıkarın ve gevşek bir şekilde folyo ile örtün; Dilimlemeden önce 15 dakika bekletin.

4. Bu arada, Brendi sosu için, kalan suyu ve elma sirkesini tavadaki damlacıklarda birleştirin ve kızartılmış parçaları sıyırmak için çırpın. Damlamaları orta boy bir tencereye süzün. kaynamak; yaklaşık 4 dakika veya sos üçte bir oranında azalana kadar pişirin. Brendi ve Dijon hardalı ile karıştırın. İlave biberle tatlandırın. Sos, kızarmış domuz eti ile servis edilir.

PORCHETTA USULÜ KIZARMIŞ DOMUZ ETI

HAZIRLIK:Marine etme 15 dakika: Geceden: 40 dakika
Pişirme: 1 saat Yapım: 6 porsiyon

GELENEKSEL İTALYAN PORCHETTA(BAZEN AMERIKAN İNGILIZCESINDE DOMUZ ETI OLARAK YAZILIR), SARIMSAK, REZENE, BIBER VE ADAÇAYI VEYA BIBERIYE GIBI BITKILERLE DOLDURULMUŞ, ARDINDAN ŞIŞTE VE TAHTA ÜZERINDE IZGARADA PIŞIRILMIŞ KEMIKSIZ BIR GÖĞÜSTÜR. AYRICA GENELLIKLE ÇOK TUZLUDUR. BU PALEO VERSIYONU BASITLEŞTIRILMIŞ VE ÇOK LEZZETLI. İSTERSENIZ ADAÇAYI TAZE BIBERIYE ILE DEĞİŞTIRIN VEYA HER IKI BITKININ BIR KARIŞIMINI KULLANIN.

- 1 2 ila 3 pound kemiksiz domuz filetosu
- 2 yemek kaşığı rezene tohumu
- 1 çay kaşığı karabiber
- ½ çay kaşığı öğütülmüş kırmızı biber
- 6 diş sarımsak, doğranmış
- 1 yemek kaşığı ince kıyılmış portakal kabuğu
- 1 yemek kaşığı öğütülmüş taze adaçayı
- 3 yemek kaşığı zeytinyağı
- ½ bardak sek beyaz şarap
- ½ su bardağı tavuk kemiği suyu (bkz.<u>yemek tarifi</u>) veya ilave tuz içermeyen tavuk suyu

1. Kızarmış domuzu buzdolabından çıkarın; 30 dakika oda sıcaklığında bırakın. Küçük bir tavada, rezene tohumlarını orta-yüksek ateşte, sık sık karıştırarak, yaklaşık 3 dakika veya koyulaşana ve hoş kokulu

olana kadar kızartın; Serin. Bir baharat öğütücüye veya temiz bir kahve öğütücüye koyun. Karabiber ve toz kırmızı biber ekleyin. Orta ince kıvamda öğütün. (Toz haline getirmeyin.)

2. Fırını 325°F'ye ısıtın. Küçük bir kasede öğütülmüş baharatları, sarımsağı, portakal kabuğunu, adaçayı ve zeytinyağını macun haline getirin. Kızarmış domuz etini küçük bir tavada rafa koyun. Karışımı domuz eti üzerine sürün. (Arzu edilirse, terbiyeli domuz etini 9×13×2 inçlik bir cam pişirme kabına koyun. Üzerini streç filmle örtün ve marine etmek için gece boyunca buzdolabında bekletin. Pişirmeden önce eti bir tavaya aktarın ve pişirmeden önce 30 dakika oda sıcaklığında bekletin.)

3. Domuz etini 1 ila 1½ saat veya anında okunan bir termometre rosto ortasında 145°F yazana kadar kızartın. Kızartmayı bir kesme tahtası üzerine yerleştirin ve gevşek bir şekilde folyo ile örtün. Dilimlemeden önce 10 ila 15 dakika bekletin.

4. Bu sırada tavadaki suyu bir cam ölçü kabına dökün. Yağı yukarıdan alın; kenara koymak. Tavayı ocağa yerleştirin. Şarabı ve tavuk kemiği suyunu tavaya dökün. Kızarmış parçaları çıkarmak için karıştırarak orta-yüksek ateşte kaynatın. Yaklaşık 4 dakika veya karışım hafifçe azalana kadar pişirin. Ayrılmış meyve sularını karıştırın; Yük. Eti dilimleyin ve sosla birlikte servis edin.

TOMATILLO KIZARMIŞ DOMUZ FILETOSU

HAZIRLIK:40 dakika Pişirme: 10 dakika Pişirme: 20 dakika Pişirme: 40 dakika Bekleme süresi: 10 dakika Yapım: 6 ila 8 porsiyon

DOMATESLERIN YAPIŞKAN, SULU BIR KAPLAMASI VARDIR.KAĞIT GIBI DERILERININ ALTINDA. KABUKLARI ÇIKARDIKTAN SONRA AKAN SUYUN ALTINDA HIZLICA DURULAYIN VE KULLANIMA HAZIR HALE GETIRIN.

- 1 pound domates, soyulmuş, saplı ve yıkanmış
- 4 serrano biberi, sapları çıkarılmış, çekirdekleri çıkarılmış ve ikiye bölünmüş (bkz.armağan)
- 2 jalapeno biberi, sapları çıkarılmış, çekirdekleri çıkarılmış ve ikiye bölünmüş (bkz.armağan)
- 1 büyük sarı dolmalık biber, sapları çıkarılmış, çekirdekleri çıkarılmış ve ikiye bölünmüş
- 1 büyük turuncu dolmalık biber, sapları çıkarılmış, çekirdekleri çıkarılmış ve ikiye bölünmüş
- 2 yemek kaşığı zeytinyağı
- 1 2 ila 2½ kiloluk kemiksiz domuz filetosu rosto
- 1 büyük sarı soğan, soyulmuş, ikiye bölünmüş ve ince dilimlenmiş
- 4 diş sarımsak, doğranmış
- ¾ bardak su
- ¼ fincan taze limon suyu
- ¼ fincan taze kişniş

1. Piliçleri yüksekte ısıtın. Fırın tepsisini folyo ile kaplayın. Hazırlanan fırın tepsisine domatesleri, serrano chiles, jalapeños ve biberleri düzenleyin. Sebzeleri 4 inç ateşte iyice kömürleşene kadar

kızartın, domatesleri ara sıra çevirin ve kömürleşmişse sebzeleri yaklaşık 10 ila 15 dakika çıkarın. Serrano, jalapeños ve domatesleri bir kaseye koyun. Biberleri bir tabağa koyun. Sebzeleri soğuması için kenara alın.

2. Yağı büyük bir tavada parıldayana kadar orta-yüksek ateşte ısıtın. Kızarmış domuz eti temiz kağıt havlularla kurulayın ve tavaya ekleyin. Her taraftan iyice kızartın ve rostoyu eşit şekilde kızartın. Kızartmayı bir tabağa koyun. Isıyı orta seviyeye düşürün. Tavaya soğan ekleyin; pişirin ve 5 ila 6 dakika veya altın rengi kahverengi olana kadar karıştırın. Sarımsak ekleyin; 1 dakika daha pişmesine izin verin. Tavayı ocaktan alın.

3. Fırını 350°F'ye ısıtın. Tomatillo sosu için domatesleri, serranoları ve jalapenoları bir mutfak robotu veya karıştırıcıda birleştirin. Pürüzsüz olana kadar örtün ve karıştırın veya işleyin; Soğanı tavaya ekleyin. Tavayı tekrar ısıtın. kaynamak; 4 ila 5 dakika veya karışım koyu ve kalın olana kadar pişirin. Su, limon suyu ve kişnişle karıştırın.

4. Domates sosunu sığ bir tavaya veya 3 litrelik dikdörtgen bir fırın tepsisine yayın. Kızarmış domuz etini sosun içine koyun. Folyo ile sıkıca kapatın. 40 ila 45 dakika veya anında okunan bir termometre rosto merkezinde 140 ° F yazana kadar pişirin.

5. Biberleri şeritler halinde kesin. Tavadaki tomatillo sosuna karıştırın. Folyo ile streç çadır; 10 dakika

bekletin. bir dilim et; sosu karıştırın. Dilimlenmiş domuz etini tomatillo sosuyla cömertçe servis edin.

KAYISI ILE DOLDURULMUŞ DOMUZ FILETOSU

HAZIRLIK:20 dakika Pişirme: 45 dakika Ayakta: 5 dakika
Yapım: 2 - 3 porsiyon

2 orta boy taze kayısı, kabaca doğranmış
2 yemek kaşığı kükürtsüz kuru üzüm
2 yemek kaşığı kıyılmış ceviz
2 çay kaşığı rendelenmiş taze zencefil
¼ çay kaşığı öğütülmüş kakule
1 12 ons domuz bonfile
1 yemek kaşığı zeytinyağı
1 yemek kaşığı Dijon hardalı (bkz.yemek tarifi)
¼ çay kaşığı karabiber

1. Fırını 375°F'ye ısıtın. Fırın tepsisini folyo ile hizalayın; Fırın tepsisini fırın tepsisine yerleştirin.

2. Küçük bir kapta kayısı, kuru üzüm, ceviz, zencefil ve kakuleyi karıştırın.

3. Domuzun ortasını diğer kenarından 1 cm bırakarak uzunlamasına kesin. kelebeği kaldır. Domuzu iki kat plastik sargı arasına yerleştirin. Bir et çekiçinin düz tarafını kullanarak eti yaklaşık 1/2 inç kalınlığa gelene kadar hafifçe dövün. Düz bir dikdörtgen yapmak için arka ucu katlayın. Eşit bir kalınlık elde etmek için eti hafifçe dövün.

4. Kayısı karışımını etin üzerine yayın. Dar uçtan başlayın ve domuz eti yuvarlayın. %100 pamuklu mutfak ipi ile önce ortadan sonra 1 cm aralıklarla bağlayın. Kızartmayı ızgaraya yerleştirin.

5. Zeytinyağı ve Dijon hardalı karıştırın. rosto üzerine yayılır. Kızartmayı biber serpin. 45 ila 55 dakika veya anında okunan bir termometre rosto merkezinde 140 ° F yazana kadar pişirin. Dilimlemeden önce 5 ila 10 dakika bekletin.

OT KABUĞU VE ÇITIR SARIMSAK YAĞI ILE DOMUZ FILETOSU

HAZIRLIK:15 dakika Kızartma: 30 dakika Kaynama: 8 dakika Beklemede: 5 dakika Yapım: 6 porsiyon

- ⅓ bardak Dijon hardalı (bkz.yemek tarifi)
- ¼ su bardağı kıyılmış taze maydanoz
- 2 yemek kaşığı kıyılmış taze kekik
- 1 yemek kaşığı kıyılmış taze biberiye
- ½ çay kaşığı karabiber
- 2 domuz bonfile, her biri 12 ons
- ½ su bardağı zeytinyağı
- ¼ fincan kıyılmış taze sarımsak
- ¼ ila 1 çay kaşığı ezilmiş kırmızı biber

1. Fırını 450°F'ye ısıtın. Fırın tepsisini folyo ile hizalayın; Fırın tepsisini fırın tepsisine yerleştirin.

2. Küçük bir kapta hardal, maydanoz, kekik, biberiye ve karabiberi macun kıvamına gelene kadar karıştırın. Hardal ve bitki karışımını domuzun üstüne ve yanlarına yayın. Domuz etini kızartma tavasına aktarın. rostoyu fırına koyun; Sıcaklığı 375°F'ye düşürün. 30 ila 35 dakika veya anında okunan bir termometre rosto merkezinde 140 ° F yazana kadar pişirin. Dilimlemeden önce 5 ila 10 dakika bekletin.

3. Bu arada sarımsak yağı için zeytinyağı ve sarımsağı küçük bir tavada birleştirin. Orta-yüksek ateşte 8 ila 10 dakika veya sarımsak altın rengi olana ve gevrekleşmeye başlayana kadar pişirin (sarımsakların yanmasına izin vermeyin). Ocaktan

alın; öğütülmüş kırmızı biberi karıştırın. domuz dilimi; Servis yapmadan önce dilimleri sarımsak yağı ile gezdirin.

HINDISTAN CEVIZI SOSLU HINT BAHARATLI DOMUZ ETI

BITIRMEK IÇIN BAŞLA:20 dakika şu anlama gelir: 2 porsiyon

- 3 çay kaşığı toz köri
- 2 çay kaşığı tuzsuz garam masala
- 1 çay kaşığı öğütülmüş kimyon
- 1 çay kaşığı öğütülmüş kişniş
- 1 12 ons domuz bonfile
- 1 yemek kaşığı zeytinyağı
- ½ fincan doğal hindistan cevizi sütü (Nature's Way markası gibi)
- ¼ fincan taze kişniş
- 2 yemek kaşığı soyulmuş taze nane

1. Küçük bir kasede 2 çay kaşığı köri tozu, garam masala, kimyon ve kişniş karıştırın. Domuz eti ½ inç kalınlığında dilimler halinde kesin; Baharat serpin. .

2. Zeytinyağını büyük bir tavada orta-yüksek ateşte ısıtın. Tavaya domuz pirzolası ekleyin; Bir kez çevirerek 7 dakika pişirin. Domuz eti tavadan çıkarın. sıcak tutmak için örtün. Sos için hindistan cevizi sütünü ve kalan 1 çay kaşığı köri tozunu tavaya ekleyin ve parçalarını sıyırmak için karıştırın. 2 ila 3 dakika kaynatın. Kişniş ve nane ile karıştırın. Domuz eti ekleyin; tamamen ısınana kadar pişirin, sosu domuz eti üzerine dökün.

BAHARATLI ELMA VE KESTANE ILE DOMUZ ESCALOPINI

HAZIRLIK:20 dakika pişirin: 15 dakika yapın: 4 porsiyon

- 2 domuz bonfile, her biri 12 ons
- 1 yemek kaşığı soğan tozu
- 1 yemek kaşığı sarımsak tozu
- ½ çay kaşığı karabiber
- 2 ila 4 yemek kaşığı zeytinyağı
- 2 Fuji veya Pink Lady elması, soyulmuş, çekirdekleri çıkarılmış ve kabaca doğranmış
- ¼ fincan ince kıyılmış arpacık
- ¾ çay kaşığı öğütülmüş tarçın
- ⅛ çay kaşığı öğütülmüş karanfil
- ⅛ çay kaşığı öğütülmüş hindistan cevizi
- ½ su bardağı tavuk kemiği suyu (bkz. yemek tarifi) veya ilave tuz içermeyen tavuk suyu
- 2 yemek kaşığı taze limon suyu
- ½ su bardağı kabuklu kavrulmuş kestane, doğranmış* veya kıyılmış ceviz
- 1 yemek kaşığı öğütülmüş taze adaçayı

1. Filetoları çapraz olarak ½ inç kalınlığında dilimler halinde kesin. Domuz dilimlerini iki kat plastik sargı arasına yerleştirin. Bir et tokmağının düz tarafı ile çırpın. Dilimleri soğan tozu, sarımsak tozu ve karabiber serpin.

2. 2 yemek kaşığı zeytinyağını büyük bir tavada orta-yüksek ateşte ısıtın. Domuz etini gruplar halinde 3 ila 4 dakika pişirin, bir kez çevirin ve gerektiği kadar yağ

ekleyin. Domuzu bir tabağa aktarın; örtün ve sıcak tutun.

3. Isıyı orta-yüksek seviyeye yükseltin. Elma, arpacık, tarçın, karanfil ve hindistan cevizi ekleyin. Kaynatın ve 3 dakika karıştırın. Tavuk kemik suyu ve limon suyunu karıştırın. Örtün ve 5 dakika pişirin. Ocaktan alın; Kestane ve adaçayı karıştırın. Elma karışımını domuzun üzerine servis edin.

*Not: Kestaneleri kızartmak için fırını 400°F'ye ısıtın. Kestane kabuğunun bir tarafına X işareti koyun, bu pişirme sırasında kabuğun gevşemesini sağlar. Kestaneleri bir fırın tepsisine koyun ve 30 dakika ya da kabukları kabuklu yemişlerden ayrılana ve fındıklar yumuşayana kadar kavurun. Kavrulan kestaneleri temiz bir mutfak havlusuna sarın. Sarı-beyaz cevizlerin kabuklarını soyun ve kabuklarını soyun.

DOMUZ FAJITA KIZARTMA

HAZIRLIK:20 dakika pişirin: 22 dakika yapın: 4 porsiyon

2 inçlik şeritler halinde kesilmiş 1 pound domuz bonfile
3 yemek kaşığı tuzsuz fajita baharatı veya Meksika baharatı (bkz.yemek tarifi)
2 yemek kaşığı zeytinyağı
1 küçük soğan, ince dilimlenmiş
½ kırmızı biber, çekirdekli ve ince dilimlenmiş
½ turuncu dolmalık biber, çekirdekli ve ince dilimlenmiş
1 jalapeño, saplı ve ince dilimlenmiş (bkz.armağan) (İsteğe bağlı)
½ çay kaşığı kimyon
1 su bardağı ince dilimlenmiş taze mantar
3 yemek kaşığı taze limon suyu
½ su bardağı kıyılmış taze kişniş
1 avokado, çekirdeksiz, soyulmuş ve doğranmış
Tercih edilen salsa (bkz.tarifler)

1. Domuz etinin üzerine 2 yemek kaşığı fajita baharatı serpin. Orta-yüksek ateşte çok büyük bir tavada 1 yemek kaşığı yağı ısıtın. Domuzun yarısını ekleyin; pişirin ve yaklaşık 5 dakika veya artık pembeleşene kadar karıştırın. Eti bir kaseye koyun ve sıcak kalması için üzerini örtün. Kalan yağ ve domuz eti ile tekrarlayın.

2. Isıyı ortama ayarlayın. Kalan 1 çorba kaşığı fajita çeşnisini, soğanı, biberi, jalapeno biberini ve kimyonu ekleyin. Yaklaşık 10 dakika veya sebzeler yumuşayana kadar pişirin ve karıştırın. Tüm eti ve

birikmiş meyve sularını tavaya geri koyun. Mantarları ve limon suyunu karıştırın. Isınana kadar pişirin. Tavayı ocaktan alın. Kişniş karıştırın. Seçtiğiniz avokado ve salsa ile servis yapın.

PORTO ŞARABI VE ERIK ILE DOMUZ FILETOSU

HAZIRLIK:10 dakika kavurma: 12 dakika ayakta: 5 dakika
Yapılır: 4 porsiyon

PORTO ALKOLLÜ BIR ŞARAPTIRBU, FERMANTASYON SÜRECINI DURDURAN BRENDI BENZERI BIR RUH EKLEDIKLERI ANLAMINA GELIR. BU, KIRMIZI SOFRA ŞARABINDAN DAHA FAZLA ARTIK ŞEKERE SAHIP OLDUĞU VE SONUÇ OLARAK DAHA TATLI BIR TADA SAHIP OLDUĞU ANLAMINA GELIR. HER GÜN IÇMEK ISTEYECEĞIN BIR ŞEY DEĞIL AMA ARA SIRA YEMEK PIŞIRMEK IÇIN KULLANMAKTA SORUN YOK.

- 2 domuz bonfile, her biri 12 ons
- 2½ çay kaşığı öğütülmüş kişniş
- ¼ çay kaşığı karabiber
- 2 yemek kaşığı zeytinyağı
- 1 arpacık soğan, dilimlenmiş
- ½ fincan bağlantı noktası
- ½ su bardağı tavuk kemiği suyu (bkz.yemek tarifi) veya ilave tuz içermeyen tavuk suyu
- 20 çekirdeksiz kuru erik
- ½ çay kaşığı öğütülmüş kırmızı biber
- 2 çay kaşığı soyulmuş taze tarhun

1. Fırını 400°F'ye ısıtın. Domuz eti 2 çay kaşığı kişniş ve karabiber serpin.

2. Zeytinyağını büyük bir fırına dayanıklı tavada orta-yüksek ateşte ısıtın. Filetoları tavaya ekleyin. Her tarafını pişirin ve yaklaşık 8 dakika boyunca eşit

şekilde pişirin. Tavayı fırına yerleştirin. Yaklaşık 12 dakika veya anında okunan bir termometre rosto merkezinde 140 ° F okuyana kadar üstü açık olarak pişirin. Filetoları bir kesme tahtasına aktarın. Alüminyum folyo ile örtün ve 5 dakika bekletin.

3. Bu arada sos için tavadaki yağı 1 yemek kaşığı ayırarak boşaltın. Arpacıkları ayrılmış damlacıklarda orta-yüksek ateşte bir tavada yaklaşık 3 dakika veya kızarana ve yumuşayana kadar pişirin. Bağlantı noktasını tavaya ekleyin. Bir kaynamaya getirin ve kızartılmış parçaları çıkarmak için karıştırın. Tavuk kemik suyu, kuru erik, ezilmiş kırmızı biber ve kalan ½ çay kaşığı kişniş ekleyin. Biraz azaltmak için orta-yüksek ateşte yaklaşık 1 ila 2 dakika pişirin. Tarhun ilave edin.

4. Domuzu dilimleyin ve kuru erik ve sosla servis edin.

SALAMURA SEBZELI SALATA KASESINDE MOO SHU USULÜ DOMUZ ETI

BITIRMEK IÇIN BAŞLA:45 dakika şu anlama gelir: 4 öğün

GELENEKSEL BIR MOO SHU YEMEĞINIZ OLSAYDIBIR ÇIN RESTORANINDA, TATLI BIR ERIK VEYA ÜZÜM SOSU ILE INCE KREPLERDE SERVIS EDILEN LEZZETLI BIR ET VE SEBZE DOLGUSU OLDUĞUNU BILECEKSINIZ. BU DAHA HAFIF VE TAZE PALEO VERSIYONU, ZENCEFIL VE SARIMSAKLA SOTELENMIŞ DOMUZ ETI, BOK CHOY VE SHIITAKE MANTARLARINI IÇERIR VE ÇITIR TURŞU ILE MARUL DÜRÜMLERINDE SERVIS EDILIR.

TURŞULUK SEBZELER
  1 su bardağı jülyen doğranmış havuç
  1 su bardağı daikon turp, jülyen doğranmış
  ¼ fincan kırmızı soğan
  1 su bardağı şekersiz elma suyu
  ½ su bardağı elma sirkesi

DOMUZ ETI
  2 yemek kaşığı zeytinyağı veya rafine hindistan cevizi yağı
  3 yumurta, hafifçe çırpılmış
  8 ons domuz filetosu, 2 × ½ inçlik şeritler halinde kesin
  2 çay kaşığı kıyılmış taze zencefil
  4 diş sarımsak, doğranmış
  2 su bardağı ince dilimlenmiş Napa lahana
  1 su bardağı ince dilimlenmiş şitaki mantarı

¼ fincan ince dilimlenmiş taze soğan

8 yaprak Boston marulu

1. Hızlı turşular için havuç, daikon ve soğanı geniş bir kapta karıştırın. Salamura için elma suyunu ve sirkeyi bir tavada buharı çıkana kadar ısıtın. Tuzlu suyu kasedeki sebzelerin üzerine dökün; Servis edilene kadar örtün ve buz dolabında saklayın.

2. 1 çorba kaşığı yağı büyük bir tavada orta-yüksek ateşte ısıtın. Yumurtaları bir çırpma teli ile hafifçe çırpın. yumurtaları tavaya koyun; dibe gelene kadar karıştırmadan yaklaşık 3 dakika pişirin. Yumurtayı esnek bir spatula ile hafifçe çevirin ve diğer tarafını da pişirin. Yumurtaları tavadan bir tabağa kaydırın.

3. Tavayı tekrar ısıtın. kalan 1 yemek kaşığı yağı ekleyin. Domuz şeritleri, zencefil ve sarımsak ekleyin. Orta-yüksek ateşte yaklaşık 4 dakika veya domuz eti pembeleşene kadar pişirin ve karıştırın. Lahana ve mantar ekleyin; yaklaşık 4 dakika veya lahana soluncaya, mantarlar yumuşayana ve domuz eti tamamen pişene kadar karıştırarak pişirin. Tavayı ocaktan alın. Haşlanmış yumurtayı şeritler halinde kesin. Yumurta şeritlerini ve taze soğanları domuz eti karışımına yavaşça katlayın. Marul yapraklarında servis yapın ve üzerine salamura edilmiş sebzeler ekleyin.

MACADAMIA FISTIĞI, ADAÇAYI, INCIR VE TATLI PATATES PÜRESI ILE DOMUZ PIRZOLASI

HAZIRLIK:15 dakika pişirin: 25 dakika yapın: 4 porsiyon

TATLI PATATES PÜRESI ILE BIRLIKTE,BU SULU ADAÇAYI TEPESINDE PIRZOLA, SONBAHAR YEMEĞI IÇIN MÜKEMMELDIR VE HIZLI BIR ŞEKILDE YAPILIR, BU DA ONLARI YOĞUN BIR HAFTA IÇIN MÜKEMMEL KILAR.

- 1¼ inç kalınlığında dilimlenmiş 4 kemiksiz domuz pirzolası
- 3 yemek kaşığı öğütülmüş taze adaçayı
- ¼ çay kaşığı karabiber
- 3 yemek kaşığı macadamia yağı
- 2 pound tatlı patates, soyulmuş ve 1 inçlik parçalar halinde kesilmiş
- ¾ su bardağı kıyılmış macadamia fıstığı
- ½ su bardağı doğranmış kuru incir
- ⅓ su bardağı sığır kemik suyu (bkz.yemek tarifi) veya ilave tuz içermeyen et suyu
- 1 yemek kaşığı taze limon suyu

1. Domuz pirzolasının her iki tarafına 2 yemek kaşığı adaçayı ve karabiber serpin. parmaklarınızla ovun. Orta-yüksek ateşte büyük bir tavada 2 yemek kaşığı yağı ısıtın. Pirzolaları tavaya ekleyin; 15 ila 20 dakika veya bitene kadar (145°F) pişirin, pişirmenin ortasında bir kez çevirin. Pirzolaları bir tabağa aktarın; sıcak tutmak için örtün.

2. Büyük bir tencereye tatlı patatesleri ve üzerini kapatacak kadar suyu atın. kaynamak; Sıcaklığı azalt. Örtün ve 10 ila 15 dakika veya patatesler yumuşayana kadar pişirin. Patatesleri boşaltın. Kalan yemek kaşığı macadamia yağını patateslere ekleyin ve kremsi bir püre haline getirin. sıcak tut

3. Sos için tavaya macadamia fındıklarını ekleyin. Orta ateşte üzerleri kızarana kadar pişirin. Kuru incir ve kalan 1 yemek kaşığı adaçayı ekleyin; 30 saniye pişmesine izin verin. Tavaya dana kemik suyu ve limon suyunu ekleyin ve kızaran parçaları sıyırmak için karıştırın. Sosu domuz pirzolasının üzerine dökün ve tatlı patates püresi ile servis yapın.

ÜZÜM VE KAVRULMUŞ CEVIZ ILE BIBERIYE VE LAVANTA ILE KAVRULMUŞ DOMUZ PIRZOLASI

HAZIRLIK:10 dakika pişirin: 6 dakika kızartın: 25 dakika pişirin: 4 porsiyon

ÜZÜMLERI DOMUZ PIRZOLASI ILE BIRLIKTE KIZARTINTATLARINI VE TATLILIKLARINI ARTIRIR. ÇITIR ÇITIR KIZARMIŞ CEVIZLER VE TAZE BIBERIYE SERPIŞTIRILMESIYLE BIRLIKTE, BU DOYURUCU PIRZOLALAR IÇIN HARIKA BIR SOS OLUŞTURUYORLAR.

2 yemek kaşığı kıyılmış taze biberiye
1 yemek kaşığı soyulmuş taze lavanta
½ çay kaşığı sarımsak tozu
½ çay kaşığı karabiber
1¼ inç kalınlığında dilimlenmiş 4 domuz pirzolası (yaklaşık 3 pound)
1 yemek kaşığı zeytinyağı
1 büyük arpacık, ince dilimlenmiş
1½ su bardağı kırmızı ve/veya yeşil çekirdeksiz üzüm
½ bardak sek beyaz şarap
¾ su bardağı iri kıyılmış ceviz
taze biberiyeyi doğrayın

1. Fırını 375°F'ye ısıtın. Küçük bir kasede 2 yemek kaşığı biberiye, lavanta, sarımsak tozu ve karabiberi birleştirin. Ot karışımını domuz pirzolasına eşit şekilde sürün. Çok büyük, fırına dayanıklı bir tavada zeytinyağını orta-yüksek ateşte ısıtın. Pirzolaları tavaya ekleyin; 6 ila 8 dakika veya her iki tarafta

kızarana kadar pişirin. Pirzolaları bir tabağa aktarın; Folyo ile kaplayın.

2. Arpacık soğanlarını tavaya ekleyin. Orta ateşte 1 dakika karıştırarak pişirin. Üzüm ve şarap ekleyin. Kızarmış parçaları çıkarmak için karıştırarak 2 dakika daha pişirin. Domuz pirzolasını tavaya geri koyun. Tavayı fırına yerleştirin. 25 ila 30 dakika veya pirzolalar bitene kadar (145°F) pişirin.

3. Bu sırada cevizleri sığ bir fırın tepsisine dizin. Pirzola ile fırına koyun. Yaklaşık 8 dakika veya kızarana kadar kızartın, eşit şekilde kızarmak için bir kez karıştırın.

4. Servis etmek için domuz pirzolasının üzerine üzüm ve kavrulmuş ceviz ekleyin. Taze biberiye serpin.

DOMUZ PIRZOLASI ALLA FIORENTINA, IZGARA BROKOLI SOSLU

HAZIRLIK:20 dakika Izgara: 20 dakika Marine: 3 dakika Yapılışı: 4 porsiyonFOTOĞRAF

"ALLA FIORENTINA"TEMELDE "FLORANSA TARZINDA" ANLAMINA GELIR. BU TARIF, ODUN ATEŞINDE EN BASIT TATLARLA IZGARA EDILEN BIR TOSKANA T-KEMIĞI OLAN BISTECCA ALLA FIORENTINA'YA DAYANMAKTADIR - GENELLIKLE SADECE ZEYTINYAĞI, TUZ, KARABIBER VE BITIRMEK IÇIN TAZE LIMON SIKMAK.

1 pound brokoli rabe

1 yemek kaşığı zeytinyağı

4 6 ila 8 ons kemikli domuz pirzolası, 1½ ila 2 inç kalınlığında dilimlenmiş

İri öğütülmüş karabiber

1 limon

4 diş sarımsak, ince dilimlenmiş

2 yemek kaşığı kıyılmış taze biberiye

6 taze adaçayı yaprağı, doğranmış

1 çay kaşığı ezilmiş kırmızı biber gevreği (veya tadı)

½ su bardağı zeytinyağı

1. Brokoliyi büyük bir tencerede kaynar suda 1 dakika haşlayın. Hemen bir kase buzlu suya aktarın. Brokoli soğuduktan sonra, kağıt havlu serili bir fırın tepsisine boşaltın ve ilave kağıt havlularla mümkün olduğunca kurulayın. Kağıt havluları fırın tepsisinden çıkarın. Brokolinin üzerine 1 çorba kaşığı zeytinyağı gezdirin

ve fırlatın. ızgara yapmaya hazır olana kadar bir kenara koyun.

2. Domuz pirzolasının her iki tarafına iri çekilmiş karabiber serpin. kenara koymak. Limondan kabuk şeritlerini çıkarmak için bir sebze soyucu kullanın (limonu başka bir kullanım için saklayın). Büyük bir servis tabağına limon kabuğu rendesi şeritleri, kıyılmış sarımsak, biberiye, adaçayı ve ezilmiş kırmızı biber serpiştirin; kenara koymak.

3. Kömürlü bir ızgara için, sıcak kömürlerin çoğunu ızgaranın bir tarafına taşıyın ve birazını ızgaranın diğer tarafında bırakın. Pirzolaları doğrudan sıcak kömürlerin üzerinde 2 ila 3 dakika veya kızarana kadar kavurun. Pirzolaları çevirin ve diğer tarafını 2 dakika daha kızartın. Pirzolaları ızgaranın diğer tarafına taşıyın. Örtün ve 10 ila 15 dakika veya bitene kadar (145 ° F) ızgara yapın. (Gazlı ızgara için, ızgarayı önceden ısıtın; ızgaranın bir tarafındaki ısıyı orta seviyeye düşürün. Pirzolaları yukarıdaki gibi yüksek ateşte kavurun. Izgaranın orta tarafına geçin; yukarıdaki gibi ilerleyin.)

4. Pirzolaları bir tabağa aktarın. Pirzolaları ½ su bardağı zeytinyağı ile gezdirin ve her iki tarafını kaplayacak şekilde çevirin. Servis yapmadan önce pirzolaların 3 ila 5 dakika marine olmasına izin verin, eti limon kabuğu rendesi, sarımsak ve otların tatlarıyla doldurmak için bir veya iki kez çevirin.

5. Pirzolalar dinlenirken, brokoliyi hafifçe kömürleşene ve iyice ısınana kadar ızgara yapın. Bir tabakta domuz

pirzolası ile brokoli rabe servis edin; Servis yapmadan önce, her bir pirzola ve brokoli rabe üzerine turşunun bir kısmını dökün.

SARIMSAK PÜRESI ILE KIZARMIŞ HINDI

HAZIRLIK:1 saat Pişirme: 2 saat 45 dakika Bekleme: 15 dakika Yapım: 12 ila 14 porsiyon

OLAN BIR HINDI BULUN.SALIN ENJEKTE ETMEYIN. ETIKETTE "TAKVIYELI" VEYA "KENDINDEN YAPIŞKANLI" YAZIYORSA, MUHTEMELEN SODYUM VE DIĞER KATKI MADDELERIYLE DOLUDUR.

1 12 ila 14 kiloluk hindi

2 yemek kaşığı Akdeniz baharatı (bkz.yemek tarifi)

¼ su bardağı zeytinyağı

3 pound orta boy havuç, soyulmuş, dilimlenmiş ve uzunlamasına ikiye bölünmüş veya dörde bölünmüş

1 tarif Sarımsak püresi kökleri (bkz.yemek tarifi, altında)

1. Fırını 425°F'ye ısıtın. Hindinin boynunu ve sakatatlarını çıkarın; istenirse başka bir kullanım için ayırın. Cildi memenin kenarından nazikçe geriye doğru soyun. Göğüste ve bagetlerin üzerinde bir cep oluşturmak için parmaklarınızı derinin altına sokun. Derinin altına 1 yemek kaşığı Akdeniz çeşnisi koyun; Göğüs ve kulak zarlarınıza eşit şekilde yaymak için parmaklarınızı kullanın. Boyun derisini geri çekin. Bir şiş ile sabitleyin. Bagetlerin uçlarını kuyruğun üzerindeki deri kayışın altına sokun. Deri kayış yoksa yemek çubuklarını %100 pamuklu mutfak ipi ile kuyruğa sağlam bir şekilde bağlayın. Kanatların uçlarını sırtın altına sokun.

2. Hindiyi göğüs tarafı yukarı gelecek şekilde sığ, büyük boy bir tavada rafa yerleştirin. Hindiyi 2 yemek kaşığı

yağ ile fırçalayın. Hindiyi kalan Akdeniz baharatlarıyla serpin. İç uyluk kasının merkezine bir et termometresi yerleştirin. Termometre kemiğe değmemelidir. Hindiyi gevşek bir şekilde folyo ile örtün.

3. 30 dakika kızartın. Fırın sıcaklığını 325° F'ye düşürün. 1½ saat pişirin. Çok büyük bir kapta havuçları ve kalan 2 yemek kaşığı yağı atın. ceketi giy. Büyük bir fırın tepsisine havuçları dizin. Folyoyu hindiden çıkarın ve deriyi veya çubukların arasındaki ipi kesin. Havuç ve hindiyi 45 dakika ila 1¼ saat daha uzun süre veya termometre 175°F'yi gösterene kadar kavurun.

4. Hindiyi fırından çıkarın. Anasayfa; Oymadan önce 15 ila 20 dakika bekletin. Hindiyi havuç ve sarımsak püresi ile servis edin.

Sarımsak Kökü Püresi: 3 ila 3½ pound rutabagas ve 1½ ila 2 pound kereviz kökünü kesin ve soyun; 2 inçlik parçalar halinde kesin. 6 litrelik bir tencerede, rutabagaları ve kereviz kökünü yeterince kaynar suda 25 ila 30 dakika veya çok yumuşayana kadar pişirin. Küçük bir tavada 3 yemek kaşığı sızma yağ ile 6 ila 8 diş kıyılmış sarımsağı birleştirin. Düşük ısıda 5 ila 10 dakika veya sarımsak kokulu olana ancak kızarana kadar pişirin. ¾ fincan tavuk kemiği suyunu dikkatlice ekleyin (bkz.yemek tarifi) veya ilave tuz içermeyen tavuk suyu. kaynamak; ocaktan alın. Sebzeleri süzün ve tencereye geri koyun. Sebzeleri patates ezici ile ezin veya düşük sıcaklıkta bir elektrikli karıştırıcı ile çırpın. ½ çay kaşığı karabiber ekleyin. Sebzeler birleşene ve neredeyse pürüzsüz olana kadar yavaş yavaş püre haline getirin veya çorbaya karıştırın. İstenilen kalınlığa ulaşmak için gerekirse başka bir ¼ bardak tavuk kemik suyu ekleyin.

PESTO SOS VE ROKA ILE DOLDURULMUŞ HINDI GÖĞSÜ

HAZIRLIK:30 dakika Pişirme: 1 saat 30 dakika Bekleme: 20 dakika Yapım: 6 porsiyon

BU BEYAZ ET SEVENLER IÇINDIŞARIDA - KURUTULMUŞ DOMATES, FESLEĞEN VE AKDENIZ BAHARATLARI ILE DOLDURULMUŞ ÇITIR HINDI GÖĞSÜ. ARTIKLAR HARIKA BIR ÖĞLE YEMEĞI YAPAR.

1 su bardağı kurutulmuş domates (yağsız)
1 4 kiloluk kemiksiz, derisiz hindi göğsü yarısı
3 çay kaşığı Akdeniz baharatı (bkz.yemek tarifi)
1 su bardağı gevşekçe sarılmış taze fesleğen yaprağı
1 yemek kaşığı zeytinyağı
8 ons bebek roka
3 büyük domates, ikiye bölünmüş ve dilimlenmiş
¼ su bardağı zeytinyağı
2 yemek kaşığı kırmızı şarap sirkesi
karabiber
1½ bardak fesleğen pesto (bkz.yemek tarifi)

1. Fırını 375°F'ye ısıtın. Küçük bir kapta, güneşte kurutulmuş domateslerin üzerini kapatacak kadar kaynar su dökün. 5 dakika bekletin; süzün ve ince doğrayın.

2. Hindi göğsünü derili tarafı alta gelecek şekilde geniş bir plastik örtü üzerine yerleştirin. Hindinin üzerine başka bir plastik örtü koyun. Bir et tokmağının düz tarafını kullanarak göğsü yaklaşık 1 cm'lik eşit bir kalınlıkta hafifçe dövün. Plastik sargıyı atın. Etin

üzerine 1½ çay kaşığı Akdeniz baharatları serpin. Üzerine domates ve fesleğen yapraklarını serpin. Hindi göğsünü derisini dışarıda bırakarak dikkatlice yuvarlayın. %100 pamuklu mutfak ipi kullanarak kızartmayı sabitlemek için dört ila altı yerden bağlayın. 1 çorba kaşığı zeytinyağı ile fırçalayın. Kızartmayı kalan 1½ çay kaşığı Akdeniz baharatlarıyla serpin.

3. Kızartmayı derili tarafı yukarı gelecek şekilde sığ bir tavadaki rafa yerleştirin. Bir buçuk saat boyunca veya merkeze yakın bir yere yerleştirilen anında okunan bir termometre 165 ° F'yi gösterene ve cilt altın rengi kahverengi ve gevrek olana kadar üstü açık olarak pişirin. Hindiyi fırından çıkarın. Folyo ile örtün; Dilimlemeden önce 20 dakika bekletin.

4. Roka salatası için roka, domates, ¼ su bardağı zeytinyağı, sirke ve karabiberi geniş bir kapta tatlandırın. İpleri kızartmadan çıkarın. Hindiyi ince dilimler halinde kesin. Roka ve fesleğen pesto ile servis yapın.

BAHARATLI HINDI GÖĞSÜ, VİŞNELİ BARBEKÜ SOS İLE

HAZIRLIK:15 dakika Pişmiş: 1 saat 15 dakika Ayakta: 45 dakika Yapım: 6 ila 8 porsiyon

BU GÜZEL BIR TARIFHAMBURGER DIŞINDA BIR ŞEY YAPMAK ISTIYORSANIZ, ARKA BAHÇEDEKI IZGARADA KALABALIĞA SERVIS YAPIN. ÇITIR BROKOLI SALATASI GIBI GEVREK BIR SALATA ILE SERVIS YAPIN (BKZ.YEMEK TARIFI) VEYA RENDELENMIŞ BRÜKSEL LAHANASI SALATASI (BKZ.YEMEK TARIFI).

1 4- ila 5 kiloluk bütün kemikli hindi göğsü
3 yemek kaşığı tütsülenmiş baharat (bkz.yemek tarifi)
2 yemek kaşığı taze limon suyu
3 yemek kaşığı zeytinyağı
Sauvignon blanc gibi 1 bardak sek beyaz şarap
1 su bardağı taze veya dondurulmuş şekersiz Bing kirazı, çekirdeksiz ve dilimlenmiş
⅓ su bardağı su
1 su bardağı barbekü sosu (bkz.yemek tarifi)

1. Hindi göğsünü 30 dakika oda sıcaklığında bekletin. Fırını 325°F'ye ısıtın. Hindi göğsünü derisi yukarı gelecek şekilde kızartma tavasındaki rafa yerleştirin.

2. Küçük bir kapta tütsülenmiş baharatları, limon suyunu ve zeytinyağını macun kıvamına gelene kadar karıştırın. Deriyi etten ayırın; Hamurun yarısını etin derisinin altına nazikçe yayın. Kalan macunu cilde eşit şekilde yayın. Şarabı tencerenin dibine dökün.

3. 1¼ ila 1½ saat veya cilt altın rengi kahverengi olana ve kızartmanın ortasına yerleştirilen anında okunan bir termometre (kemiğe dokunmadan) 170°F'yi gösterene kadar pişirin. Pişirme süresinin yarısında tavayı çevirin. Oymadan önce 15 ila 30 dakika bekletin.

4. Bu sırada vişneli barbekü sosu yapmak için kirazları ve suyu orta boy bir tencerede birleştirin. kaynamak; Sıcaklığı azalt. 5 dakika ağzı kapalı olarak kaynatın. barbekü sosunda karıştırın; 5 dakika kaynatın. Hindi ile sıcak veya oda sıcaklığında servis yapın.

ŞARAPTA KIZARMIŞ HINDI FILETOSU

HAZIRLIK:30 dakika pişirme: 35 dakika şu anlama gelir: 4 porsiyon

KAVRULMUŞ HINDIYI BIR TAVADA PIŞIRINŞARAP, DILIMLENMIŞ ROMA DOMATESLERI, TAVUK SUYU, TAZE OTLAR VE ÖĞÜTÜLMÜŞ KIRMIZI BIBERIN BIRLEŞIMI ONA MÜKEMMEL BIR TAT VERIR. BU GÜVEÇ BENZERI YEMEĞI, HER LOKMADA LEZZETLI ET SUYUNDAN BIRAZ ALMAK IÇIN SIĞ KASELERDE VE BÜYÜK KAŞIKLARLA SERVIS EDIN.

2 8 ila 12 ons hindi filetosu, 1 inçlik parçalar halinde kesilmiş

2 yemek kaşığı tuz eklenmemiş kümes hayvanı çeşnisi

2 yemek kaşığı zeytinyağı

6 diş kıyılmış sarımsak (1 yemek kaşığı)

1 bardak doğranmış soğan

½ su bardağı kıyılmış kereviz

6 Roma domatesi, çekirdekleri çıkarılmış ve dilimlenmiş (yaklaşık 3 bardak)

Sauvignon blanc gibi ½ bardak sek beyaz şarap

½ su bardağı tavuk kemiği suyu (bkz.yemek tarifi) veya ilave tuz içermeyen tavuk suyu

½ çay kaşığı ince kıyılmış taze biberiye

¼ ila ½ çay kaşığı ezilmiş kırmızı biber

½ fincan taze fesleğen yaprağı, doğranmış

½ su bardağı kıyılmış taze maydanoz

1. Büyük bir kapta hindi parçalarını kümes hayvanı baharatıyla karıştırın. Ekstra büyük yapışmaz tavada 1 çorba kaşığı zeytinyağını orta-yüksek ateşte ısıtın.

Hindiyi yemeklerden sonra kızgın yağda her tarafı kızarana kadar kızartın. (Hindinin pişirilmesine gerek yoktur.) Bir tabağa aktarın ve sıcak tutun.

2. Kalan 1 yemek kaşığı zeytinyağını tavaya ekleyin. Isıyı orta-yüksek seviyeye yükseltin. Sarımsak ekleyin; 1 dakika kaynatın ve karıştırın. Soğan ve kereviz ekleyin; kaynatın ve 5 dakika karıştırın. Hindiyi ve tabaktan çıkan suyu, domatesi, şarabı, tavuk kemik suyunu, biberiyeyi ve toz kırmızıbiberi ekleyin. Isıyı orta-düşük seviyeye düşürün. Örtün ve ara sıra karıştırarak 20 dakika pişirin. Fesleğen ve maydanoz ekleyin. Örtün ve 5 dakika daha veya hindi artık pembeleşene kadar pişirin.

FRENK SOĞANI KARIDES SOSLU KAVRULMUŞ HINDI GÖĞSÜ

HAZIRLIK:30 dakika pişirin: 15 dakika yapın: 4 porsiyon<u>FOTOĞRAF</u>

HINDI FILETOSUNU IKIYE BÖLÜNETI KESERKEN HER BIRINE MÜMKÜN OLDUĞUNCA EŞIT VE EŞIT ŞEKILDE AVUCUNUZUN IÇIYLE YATAY OLARAK HAFIF BASKI UYGULAYIN.

¼ su bardağı zeytinyağı

2 8 ila 12 ons hindi göğsü filetosu, yatay olarak ikiye bölünmüş

¼ çay kaşığı taze çekilmiş karabiber

3 yemek kaşığı zeytinyağı

4 diş sarımsak, doğranmış

Filetosuz 8 ons kabuklu orta karides, kuyrukları çıkarılmış ve uzunlamasına ikiye bölünmüş

¼ fincan sek beyaz şarap, tavuk kemiği suyu (bkz.<u>yemek tarifi</u>) veya ilave tuz içermeyen tavuk suyu

2 yemek kaşığı kıyılmış taze kişniş

½ çay kaşığı ince rendelenmiş limon kabuğu

1 yemek kaşığı taze limon suyu

Kabak makarna ve domates (bkz.<u>yemek tarifi</u>, aşağıda) (isteğe bağlı)

1. 1 çorba kaşığı zeytinyağını çok büyük bir tavada orta-yüksek ateşte ısıtın. Tavaya hindi ekleyin; Biber serpin. Isıyı orta seviyeye düşürün. 12 ila 15 dakika veya artık pembeliği kaybolana ve meyve suları berraklaşana kadar (165°F) pişirin. Pişirmenin

yarısında bir kez çevirin. Hindi bifteklerini tavadan çıkarın. Sıcak tutmak için folyo ile örtün.

2. Sos için aynı tavada 3 yemek kaşığı yağı orta-yüksek ateşte ısıtın. Sarımsak ekleyin; 30 saniye pişmesine izin verin. karidesi karıştırın; 1 dakika kaynatın ve karıştırın. Şarap, frenk soğanı ve limon kabuğu rendesini ilave edin; 1 dakika daha veya karides yarı saydam olana kadar pişirin ve karıştırın. Ocaktan alın; Limon suyunu karıştırın. Servis yapmak için sosu hindi bifteğinin üzerine dökün. Kabak eriştesi ve istenirse domates ile servis yapın.

Kabak ve Domatesli Makarna: Bir mandolin soyucu veya jülyen kullanarak, 2 adet sarı yaz kabağı. Orta-yüksek ateşte büyük bir tavada 1 yemek kaşığı sızma zeytinyağını ısıtın. Kabak şeritlerini ekleyin; 2 dakika pişmesine izin verin. 1 su bardağı dörde bölünmüş üzüm domates ve ¼ çay kaşığı taze çekilmiş karabiber ekleyin; 2 dakika daha veya kabak gevrek ve yumuşayana kadar pişirin.

KÖK SEBZELI HAŞLANMIŞ HINDI BUDU

HAZIRLIK:Pişirme: 30 dakika: 1 saat 45 dakika: 4 porsiyon

BU DA O YEMEKLERDEN BIRIFIRINDA PIŞERKEN YÜRÜMEK IÇIN VAKTINIZ OLDUĞUNDA, TAZE BIR SONBAHAR ÖĞLEDEN SONRA HAZIRLAYACAKSINIZ. EGZERSIZ IŞTAHINIZI KABARTMIYORSA, KAPIDAN IÇERI GIRDIĞINIZDE HARIKA AROMA KESINLIKLE AÇACAKTIR.

3 yemek kaşığı zeytinyağı

4 20 ila 24 ons hindi butları

½ çay kaşığı taze çekilmiş karabiber

6 diş sarımsak, soyulmuş ve ezilmiş

1½ çay kaşığı rezene tohumu, ezilmiş

1 çay kaşığı bütün yenibahar, ezilmiş*

1½ su bardağı tavuk kemiği suyu (bkz.yemek tarifi) veya ilave tuz içermeyen tavuk suyu

2 dal taze biberiye

2 dal taze kekik

1 defne yaprağı

2 büyük soğan, soyulmuş ve 8 dilime bölünmüş

6 büyük havuç, soyulmuş ve 1 inçlik dilimler halinde kesilmiş

2 büyük pancar, soyulmuş ve 1 inçlik küpler halinde kesilmiş

2 orta boy yaban havucu, soyulmuş ve 1 inçlik dilimler halinde kesilmiş**

1 kereviz kökü, soyulmuş ve 1 inçlik parçalar halinde kesilmiş

1. Fırını 350°F'ye ısıtın. Zeytinyağını büyük bir tavada orta-yüksek ateşte ısıtın. 2 hindi budu ekleyin.

Yaklaşık 8 dakika veya saplar altın rengi olana ve her tarafı çıtır çıtır olana ve eşit şekilde kızarana kadar pişirin. Hindi butlarını bir tabağa aktarın; Kalan 2 hindi bacağı ile tekrarlayın. Kenara koymak.

2. Tavaya biber, sarımsak, rezene tohumu ve yenibahar ekleyin. Orta-yüksek ateşte 1 ila 2 dakika veya kokulu olana kadar pişirin ve karıştırın. Tavuk kemik suyu, biberiye, kekik ve defne yaprağını karıştırın. Bir kaynamaya getirin ve tava tabanından kızartılmış parçaları sıyırmak için karıştırın. Tavayı ocaktan alın ve bir kenara koyun.

3. Kapağı sıkıca kapatan çok büyük bir Hollanda fırınında soğanları, havuçları, pancarları, yabani havuçları ve kereviz kökünü atın. tava sıvısı ekleyin; ceketi giy. Hindi baldırlarını sebze karışımına bastırın. Bir kapakla örtün.

4. Yaklaşık 1 saat 45 dakika veya sebzeler yumuşayana ve hindi tamamen pişene kadar pişirin. Hindi butlarını ve sebzeleri geniş sığ kaselerde servis edin. Tava suları üzerinde gezdirin.

*İpucu: Yenibahar ve rezene tohumlarına zarar vermemek için bir kesme tahtası üzerine koyun. Tohumları hafifçe ezmek için şef bıçağının düz tarafıyla bastırın.

**İpucu: Yaban havucunun tepesinden daha büyük parçaları küpler halinde kesin.

KARAMELIZE SOĞAN KETÇAP VE KAVRULMUŞ LAHANA DILIMLERI ILE OTLU HINDI EKMEĞI

HAZIRLIK:15 dakika pişirme: 30 dakika pişirme: 1 saat 10 dakika ayakta: 5 dakika yapım: 4 porsiyon

KETÇAP SOSLU KLASIK KÖFTE KESINLIKLE ÖYLEKETÇAP VARSA PALEO MENÜSÜNDE (BKZ.YEMEK TARIFI) TUZ VE ILAVE ŞEKER IÇERMEZ. BURADA KETÇAP, FIRINLANMADAN ÖNCE KÖFTELERIN ÜZERINE KONULAN KARAMELIZE SOĞANLARLA KARIŞTIRILIR.

1½ pound öğütülmüş hindi

2 yumurta, hafifçe çırpılmış

½ su bardağı badem unu

⅓ su bardağı kıyılmış taze maydanoz

¼ fincan ince dilimlenmiş taze soğan (2)

1 yemek kaşığı kıyılmış taze adaçayı veya 1 çay kaşığı kuru adaçayı, ince kıyılmış

1 çay kaşığı taze kekik veya 1 çay kaşığı kuru kekik, doğranmış

¼ çay kaşığı karabiber

2 yemek kaşığı zeytinyağı

2 tatlı soğan, ikiye bölünmüş ve ince dilimlenmiş

1 su bardağı paleo ketçap (bkz.yemek tarifi)

1 küçük lahana başını ikiye bölün, çekirdeklerini çıkarın ve 8 dilime ayırın.

½ ila 1 çay kaşığı öğütülmüş kırmızı biber

1. Fırını 350°F'ye ısıtın. Parşömen kağıdı ile büyük bir tepsiyi hizalayın. kenara koymak. Büyük bir kapta

hindi kıyması, yumurta, badem unu, maydanoz, taze soğan, adaçayı, kekik ve karabiberi karıştırın. Hazırlanan tavada hindi karışımını 8×4 inçlik bir somun haline getirin. 30 dakika pişirin.

2. Bu arada karamelize soğan ketçapı için 1 çorba kaşığı zeytinyağını büyük bir tavada orta-yüksek ateşte ısıtın. soğan ekleyin; yaklaşık 5 dakika veya soğan kahverengileşene kadar sık sık karıştırarak pişirin. Isıyı orta-düşük seviyeye düşürün; ara sıra karıştırarak yaklaşık 25 dakika veya altın rengi ve çok yumuşak olana kadar pişirin. Ocaktan alın; Paleo ketçapta karıştırın.

3. Hindi ekmeğinin üzerine biraz karamelize soğan ketçapı dökün. Lahana dilimlerini somunun etrafına yerleştirin. Kalan 1 yemek kaşığı zeytinyağını lahanaların üzerine dökün; Toz kırmızı biber serpin. Yaklaşık 40 dakika veya somunun ortasına yerleştirilen anında okunan bir termometre 165 ° F'yi gösterene kadar pişirin, üzerine ilave karamelize soğan ketçap gezdirin ve 20 dakika sonra lahana dilimlerini çevirin. Dilimlemeden önce hindi ekmeğini 5 ila 10 dakika bekletin.

4. Hindi ekmeğini rendelenmiş lahana ve kalan karamelize soğan ketçapıyla birlikte servis edin.

TÜRKIYE POSOLE

HAZIRLIK:20 dakika Kızartma: 8 dakika Pişirme: 16 dakika Yapım: 4 porsiyon

BU SICAK MEKSIKA USULÜ ÇORBA IÇIN SOSLARYAN YEMEKLERDEN DAHA FAZLASIDIR. KIŞNIŞ KENDINE ÖZGÜ BIR TAT VERIR, AVOKADO KREMSILIK KATAR VE KAVRULMUŞ PEPITAS LEZZETLI BIR ÇITIRLIK VERIR.

8 taze domates

1¼ ila 1½ pound öğütülmüş hindi

1 kırmızı biber, temizlenmiş ve ince, lokma büyüklüğünde şeritler halinde kesilmiş

½ su bardağı doğranmış soğan (1 orta boy)

6 diş kıyılmış sarımsak (1 yemek kaşığı)

1 yemek kaşığı Meksika çeşnisi (bkz.yemek tarifi)

2 su bardağı tavuk kemiği suyu (bkz.yemek tarifi) veya ilave tuz içermeyen tavuk suyu

1 14,5 ons tuzsuz kavrulmuş domates, süzülmemiş olabilir

1 adet jalapeño veya serrano acı biber, çekirdekleri çıkarılmış ve dilimlenmiş (bkz.armağan)

1 orta boy avokado, ikiye bölünmüş, soyulmuş, çekirdekleri çıkarılmış ve ince dilimlenmiş

¼ fincan tuzsuz pepitas, kızartılmış (bkz.armağan)

¼ fincan taze kişniş

kireç dilimleri

1. Izgarayı önceden ısıtın. Cildi domateslerden çıkarın ve atın. Domatesleri yıkayın ve ortadan ikiye kesin. Yarım domatesleri tavanın ısıtılmamış rafına

yerleştirin. 4 ila 5 inçlik dilimleri kısık ateşte 8 ila 10 dakika veya hafifçe kömürleşene kadar pişirin ve pişirme işleminin yarısında bir kez çevirin. Fırın tepsisinde bir tel ızgara üzerinde biraz soğumaya bırakın.

2. Büyük bir tavada hindi, dolmalık biber ve soğanı orta-yüksek ateşte 5 ila 10 dakika veya hindi kızarana ve sebzeler yumuşayana kadar pişirin. Pişerken etin parçalanması için tahta kaşıkla karıştırın. Gerekirse yağı boşaltın. Sarımsak ve Meksika baharatlarını ekleyin. Kaynatın ve 1 dakika daha karıştırın.

3. Közlenmiş domateslerin yaklaşık üçte ikisini ve 1 su bardağı tavuk kemiği suyunu bir karıştırıcıda birleştirin. Örtün ve pürüzsüz olana kadar karıştırın. Tavadaki hindi karışımına ekleyin. Kalan 1 su bardağı tavuk kemiği suyu, süzülmüş domates ve pul biberi ilave edip karıştırın. Kalan domatesleri kabaca doğrayın; hindi karışımına ekleyin. kaynamak; Sıcaklığı azalt. Örtün ve 10 dakika pişirin.

4. Servis etmek için çorbayı sığ kaselere dökün. Avokado, pepitas ve kişniş ile süsleyin. Çorbanın üzerine limon dilimleri serpin.

TAVUK KEMIĞI ÇORBASI

HAZIRLIK:15 dakika kavurma: 30 dakika pişirme: 4 saat soğuk: gece boyunca Yapım: yaklaşık 10 fincan

EN TAZE, EN IYI TAT VE EN YÜKSEK KALITE IÇINBESIN İÇERIĞI - TARIFLERINIZDE EV YAPIMI TAVUK SUYU KULLANIN. (AYRICA TUZ, KORUYUCU VEYA KATKI MADDESI IÇERMEZ.) PIŞIRMEDEN ÖNCE KEMIKLERI KIZARTMAK LEZZETI ARTIRIR. SIVI IÇINDE YAVAŞ PIŞIRILDIĞINDE, KEMIKLER ET SUYUNU KALSIYUM, FOSFOR, MAGNEZYUM VE POTASYUM GIBI MINERALLERLE DOLDURUR. AŞAĞIDAKI YAVAŞ PIŞIRICI VERSIYONU ÇOK KOLAYDIR. 2 VE 4 FINCANLIK KAPLARDA DONDURUN VE SADECE IHTIYACINIZ OLANI ÇÖZÜN.

2 pound tavuk kanadı ve sırt

4 havuç, dilimlenmiş

2 büyük pırasa, sadece beyaz ve açık yeşil kısımları, ince dilimlenmiş

2 sap kereviz, kabaca doğranmış

1 yaban havucu, kabaca doğranmış

6 büyük dal İtalyan maydanozu

6 dal taze kekik

4 diş sarımsak, ikiye bölünmüş

2 çay kaşığı bütün karabiber

2 bütün bakla

Soğuk su

1. Fırını 425°F'ye ısıtın. Tavuk kanatlarını ve arkasını büyük bir fırın tepsisine yerleştirin; 30 ila 35 dakika veya iyice kızarana kadar kızartın.

2. Fırın tepsisinde biriken kızaran tavuk parçalarını ve kızaran parçaları büyük bir tencereye aktarın. Havuç, pırasa, kereviz, yaban havucu, maydanoz, kekik, sarımsak, karabiber ve karanfili ekleyin. Büyük bir tencerede tavuğu ve sebzeleri kaplayacak kadar soğuk su (yaklaşık 12 bardak) ekleyin. Orta ateşte kaynatın; Isıyı, çorba çok düşük olacak ve kabarcıklar sadece yüzeyi kıracak şekilde ayarlayın. 4 saat üzeri kapalı olarak kaynatın.

3. Sıcak suyu, iki kat nemli %100 pamuklu tülbentle kaplı büyük bir süzgeçten geçirin. Katıları atın. Çorbanın üzerini kapatın ve bir gece buzdolabında bekletin. Kullanmadan önce çorbanın üstündeki yağ tabakasını sıyırın ve atın.

İpucu: Çorbayı berraklaştırmak için (isteğe bağlı), 1 yumurta akı, 1 rendelenmiş yumurta kabuğu ve ¼ su bardağı soğuk suyu küçük bir kasede birleştirin. Karışımı tavadaki süzülmüş et suyuna karıştırın. Yemek yapmaya geri dön. Ocaktan alın; 5 dakika bekletin. Sıcak suyu %100 pamuklu tülbentten yeni bir çift kat serilmiş bir süzgeçten geçirin. Kullanmadan önce yağı alın ve çıkarın.

Yavaş Pişirici Talimatları: Adım 2 dışında belirtilen şekilde hazırlayın ve malzemeleri 5-6 litre yavaş pişiriciye ekleyin. Örtün ve 12 ila 14 saat kısık ateşte pişirin. 3. adımda açıklandığı gibi devam edin. Yaklaşık 10 bardak yapar.

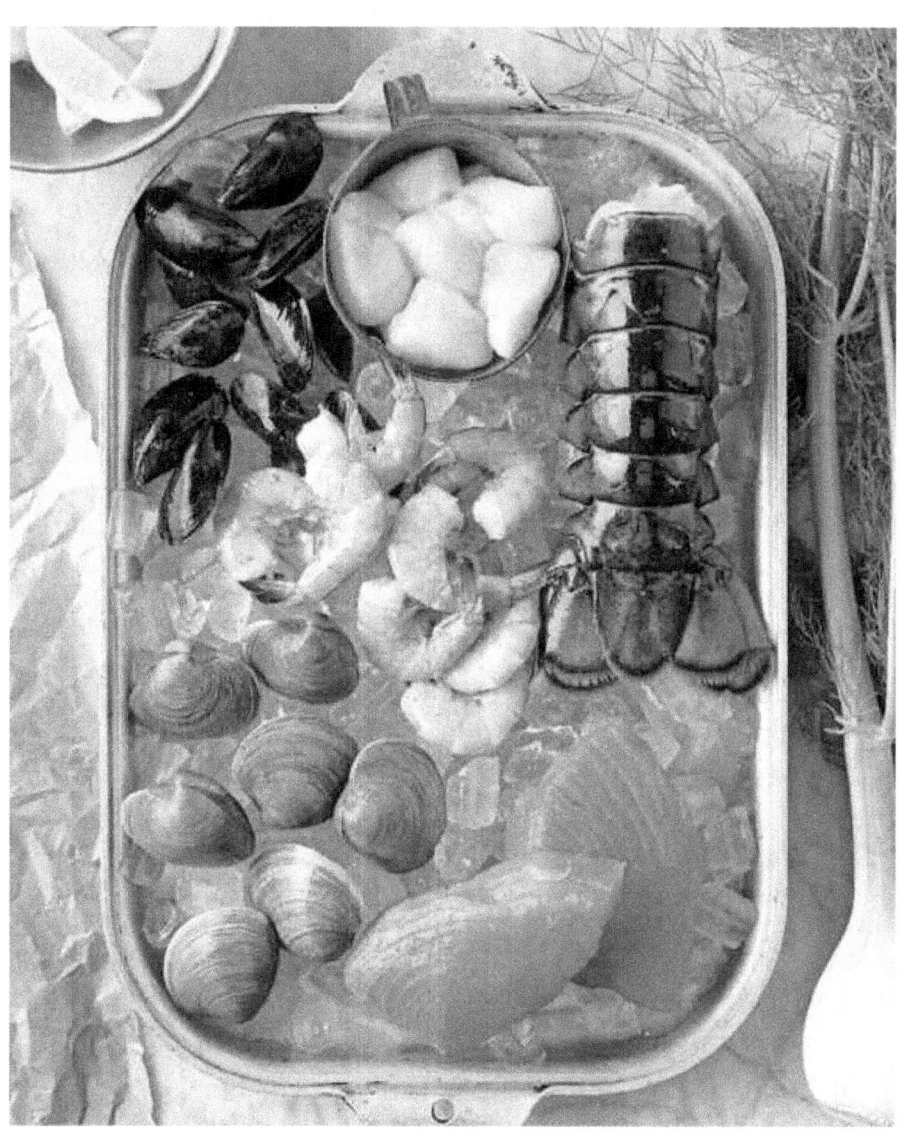

YEŞİL HARISSA SOMONU

HAZIRLIK:25 dakika pişirin: Izgara 10 dakika: 8 dakika yapın: 4 porsiyon<u>FOTOĞRAF</u>

STANDART BIR SEBZE SOYUCU KULLANILIRSALATA IÇIN INCE ŞERITLER HALINDE TAZE ÇIĞ KUŞKONMAZ DILIMLEME. PARLAK BIR NARENCIYE SOSUYLA TATLANDIRILMIŞ (BKZ.<u>YEMEK TARIFI</u>) VE DUMANLI KAVRULMUŞ AYÇEKIRDEĞI ILE TEPESINDE, SOMON VE BAHARATLI YEŞIL BITKI SOSUNA FERAHLATICI BIR EŞLIK EDIYOR.

SOMON

4 6 ila 8 ons derisiz taze veya dondurulmuş somon filetosu, yaklaşık 1 inç kalınlığında

zeytin yağı

HARISSA

1½ çay kaşığı kimyon

1½ çay kaşığı kişniş tohumu

1 su bardağı sıkıca paketlenmiş taze maydanoz yaprağı

1 su bardağı iri kıyılmış taze kişniş (yapraklar ve saplar)

2 jalapeno biberi, çekirdekleri çıkarılmış ve kabaca doğranmış (bkz.<u>armağan</u>)

1 arpacık soğan, kıyılmış

2 diş sarımsak

1 çay kaşığı ince kıyılmış limon kabuğu

2 yemek kaşığı taze limon suyu

⅓ su bardağı zeytinyağı

BAHARATLI AYÇİÇEĞİ TOHUMLARI
⅓ su bardağı çiğ ayçekirdeği
1 çay kaşığı zeytinyağı
1 çay kaşığı tütsülenmiş baharat (bkz.yemek tarifi)

SALATA
12 büyük kuşkonmaz mızrağı, kırpılmış (yaklaşık 1 pound)
⅓ fincan Bright Citrus Vinaigrette (bkz.yemek tarifi)

1. Donmuşsa balığı çözün; Kağıt havlularla kurulayın. Balığın her iki tarafını da hafifçe zeytinyağı ile fırçalayın. Kenara koymak.

2. Harissa için kimyon ve kişniş tohumlarını küçük bir tavada orta-yüksek ateşte 3 ila 4 dakika veya hafifçe kızarana ve hoş kokulu olana kadar kızartın. Bir mutfak robotunda kızarmış kimyon ve kişniş tohumları, maydanoz, kişniş, jalapeños, taze soğan, sarımsak, limon kabuğu rendesi, limon suyu ve zeytinyağını birleştirin. pürüzsüz olana kadar işlem yapın. Kenara koymak.

3. Terbiyeli ayçekirdeği için fırını 300°F'ye ısıtın. Bir fırın tepsisine parşömen kağıdı koyun; kenara koymak. Küçük bir kapta ayçekirdeği ve 1 çay kaşığı zeytinyağını karıştırın. Tohumların üzerine Dumanlı baharat serpin; kaplamak için atmak. Ayçiçeği tohumlarını parşömen kağıdının üzerine eşit şekilde yayın. Yaklaşık 10 dakika veya hafifçe kızarana kadar pişirin.

4. Kömür veya gazlı ızgara için, somonu doğrudan orta-yüksek ateşte yağlanmış ızgara rafına yerleştirin. Örtün ve 8 ila 12 dakika veya bir çatalla test

edildiğinde balık gevreği olana kadar ızgara yapın ve pişirme işleminin yarısında çevirin.

5. Bu arada salata için kuşkonmazı uzun, ince şeritler halinde kesmek için bir sebze soyacağı kullanın. Bir tabağa veya orta kaseye yerleştirin. (Uçlar incelir, uçlar kırılır. Bir tabağa veya kaseye koyun.) Tıraşlı uçların üzerine Parlak Narenciye Sosu gezdirin. Terbiyeli ayçiçeği tohumları serpin.

6. Servis yapmak için dört tabağın her birine fileto koyun; Her filetoya biraz yeşil harissa koyun. Rendelenmiş kuşkonmaz salatası ile servis yapın.

MARINE EDILMIŞ ENGINAR SALATASI ILE IZGARA SOMON

HAZIRLIK:20 dakika Izgara: 12 dakika Yapım: 4 porsiyon

GENELLIKLE SALATA FIRLATMAK IÇIN EN IYI ARAÇBU SALATAYA YUMUŞAMIŞ MARULU VE IZGARA ENGINARLARI EŞIT ŞEKILDE PAYLAŞTIRIN, BUNU TEMIZ ELLERLE YAPMAK EN IYISIDIR.

4 6 ons taze veya dondurulmuş somon filetosu

1 9 onsluk paket donmuş enginar kalbi, çözülmüş ve süzülmüş

5 yemek kaşığı zeytinyağı

2 yemek kaşığı doğranmış arpacık

1 yemek kaşığı ince kıyılmış limon kabuğu

¼ fincan taze limon suyu

3 yemek kaşığı rendelenmiş taze kekik

½ çay kaşığı taze çekilmiş karabiber

1 yemek kaşığı Akdeniz baharatı (bkz.yemek tarifi)

1 5 onsluk karışık bebek salatası paketi

1. Donmuşsa balığı çözün. balığı durulayın; Kağıt havlularla kurulayın. Balıkları bir kenara koyun.

2. Orta boy bir kapta enginar göbeği ile 2 yemek kaşığı zeytinyağını karıştırın. kenara koymak. Geniş bir kapta 2 yemek kaşığı zeytinyağı, arpacık soğanı, limon kabuğu rendesi, limon suyu ve kekiği karıştırın. kenara koymak.

3. Kömürlü veya gazlı ızgara için, enginar göbeğini ızgara sepetine koyun ve doğrudan orta-yüksek ateşte

ızgara yapın. Örtün ve 6 ila 8 dakika veya iyice kömürleşene ve iyice ısıtılana kadar sık sık karıştırarak ızgara yapın. Enginarları ızgaradan çıkarın. 5 dakika soğumaya bırakın, ardından enginarları arpacık soğanı karışımına ekleyin. Biber; ceketi giy. Kenara koymak.

4. Kalan 1 yemek kaşığı zeytinyağını somonun üzerine fırçayla sürün; Akdeniz baharatları serpin. Somonu terbiyeli tarafı alta gelecek şekilde orta-yüksek ateşte doğrudan pişirme rafına yerleştirin. Örtün ve 6 ila 8 dakika veya balık çatalla test edildiğinde pul pul dökülmeye başlayana kadar ızgara yapın. Pişirmenin yarısında bir kez çevirin.

5. Marine edilmiş enginarlı salatayı bir kaseye koyun; Dikkatlice ceketin üzerine atın. Salata ızgara somon ile servis edilir.

FIRINDA ŞILI ADAÇAYI SOMONU, YEŞIL DOMATES SALSA ILE

HAZIRLIK: 35 dakika soğuk: 2 ila 4 saat kavurma: 10 dakika: 4 porsiyon

"FLAŞ KAVURMA" TEKNIĞI IFADE EDER KURU BIR KIZARTMA TAVASINI FIRINDA YÜKSEK BIR SICAKLIĞA ISITIN, BIRAZ YAĞ EKLEYIN VE BALIK, TAVUK VEYA ET EKLEYIN (CIZIRTI!) VE YEMEĞI FIRINDA PIŞIRMEYI BITIRIN. HIZLI KIZARTMA, PIŞIRME SÜRESINI KISALTIR VE DIŞI LEZZETLI, ÇITIR, IÇI SULU VE LEZZETLI BIR KABUK OLUŞTURUR.

SOMON
4 5 ila 6 ons taze veya dondurulmuş somon filetosu
3 yemek kaşığı zeytinyağı
¼ su bardağı ince kıyılmış soğan
2 diş sarımsak, soyulmuş ve dilimlenmiş
1 yemek kaşığı öğütülmüş kişniş
1 çay kaşığı öğütülmüş kimyon
2 çay kaşığı tatlı kırmızı biber
1 çay kaşığı ezilmiş kuru kekik
¼ çay kaşığı acı biber
⅓ su bardağı taze limon suyu
1 yemek kaşığı öğütülmüş taze adaçayı

YEŞIL DOMATES SALSA
1½ su bardağı doğranmış sert yeşil domates
⅓ su bardağı ince kıyılmış kırmızı soğan
2 yemek kaşığı kıyılmış taze kişniş

1 jalapeño, çekirdekleri çıkarılmış ve dilimlenmiş (bkz.armağan)
1 diş sarımsak, kıyılmış
½ çay kaşığı öğütülmüş kimyon
¼ çay kaşığı toz biber
2 ila 3 yemek kaşığı taze limon suyu

1. Donmuşsa balığı çözün. balığı durulayın; Kağıt havlularla kurulayın. Balıkları bir kenara koyun.

2. Biber salçası için 1 yemek kaşığı zeytinyağı, soğan ve sarımsağı küçük bir sos tenceresinde karıştırın. 1 ila 2 dakika veya kokulu olana kadar kısık ateşte pişirin. Kişniş ve kimyon ilave edin; 1 dakika kaynatın ve karıştırın. Kırmızı biber, kekik ve acıyı karıştırın; 1 dakika kaynatın ve karıştırın. Limon suyu ve adaçayı ekleyin; yaklaşık 3 dakika veya pürüzsüz bir macun oluşana kadar pişirin ve karıştırın; Serin.

3. Filetoların her iki tarafını da acı biber ezmesi ile kaplamak için parmaklarınızı kullanın. Balığı cam veya reaktif olmayan bir kaseye koyun. Plastik sargı ile sıkıca örtün. 2 ila 4 saat buzdolabında bekletin.

4. Salsa için orta boy bir kapta domates, soğan, kişniş, jalapeño, sarımsak, kimyon ve acı biberi karıştırın. İyice karıştırın. Limon suyu ile gezdirin; ceketi giy.

4. Somondan mümkün olduğu kadar fazla macunu kazımak için lastik bir spatula kullanın. Macunu atın.

5. Ekstra büyük bir dökme demir tavayı fırına yerleştirin. Fırını 500° F'ye önceden ısıtın. Fırını bir tava ile önceden ısıtın.

6. Sıcak yemeği fırından çıkarın. Tavaya 1 yemek kaşığı zeytinyağı ekleyin. Tabana yağ püskürtmek için tavayı eğin. Filetoları deri tarafı aşağı gelecek şekilde tavaya yerleştirin. Filetoları kalan 1 yemek kaşığı zeytinyağı ile kaplayın.

7. Somonu yaklaşık 10 dakika veya bir çatalla test edildiğinde balık pul pul olana kadar kızartın. Balıkları salsa ile servis edin.

PAPILLOTE FIRINDA SOMON VE KUŞKONMAZ LİMONLU FINDIK PESTO İLE

HAZIRLIK:20 dakika kavurma: 17 dakika: 4 porsiyon

PAPILLOTE PIŞIRME, BASITÇE KAĞITTA PIŞIRME ANLAMINA GELIR.BU, BIRKAÇ NEDENDEN DOLAYI YEMEK PIŞIRMENIN GÜZEL BIR YOLUDUR. BALIK VE SEBZELER BIR PARŞÖMEN AMBALAJINDA BUHARDA PIŞIRILIR, SULARI, LEZZETLERI VE BESINLERI HAPSEDILIR - VE SONRA YIKANACAK TENCERE VE TAVALAR OLMAZ.

4 6 ons taze veya dondurulmuş somon filetosu
1 su bardağı hafifçe sarılmış taze fesleğen yaprağı
1 su bardağı hafifçe paketlenmiş taze maydanoz yaprağı
½ su bardağı kavrulmuş fındık*
5 yemek kaşığı zeytinyağı
1 çay kaşığı ince kıyılmış limon kabuğu
2 yemek kaşığı taze limon suyu
1 diş sarımsak, kıyılmış
1 pound ince kuşkonmaz, dilimlenmiş
4 yemek kaşığı sek beyaz şarap

1. Donmuşsa somonu çözün. balığı durulayın; Kağıt havlularla kurulayın. Fırını 400 ° F'ye ısıtın.

2. Pesto için fesleğen, maydanoz, fındık, zeytinyağı, limon kabuğu rendesi, limon suyu ve sarımsağı blender veya mutfak robotunda karıştırın. Pürüzsüz olana kadar örtün ve karıştırın veya işleyin; kenara koymak.

3. Parşömen kağıdından 12 inçlik dört kare kesin. Her paket için parşömen karesinin ortasına bir somon fileto yerleştirin. Çeyrek kuşkonmaz ve 2 ila 3 yemek kaşığı pesto ekleyin; 1 yemek kaşığı şarap dökün. Parşömen kağıdının karşılıklı iki tarafını kaldırın ve balıkların üzerine birkaç kez katlayın. Mühürlemek için parşömenin uçlarını katlayın. Üç paket daha oluşturmak için bu işlemi tekrarlayın.

4. 17 ila 19 dakika veya balık çatalla test edildiğinde parçalanana kadar pişirin (pişip pişmediğini kontrol etmek için paketi dikkatlice açın).

*İpucu: Fındıkları kızartmak için fırını önceden 350°F'ye ısıtın. Cevizleri düz bir fırın tepsisine tek sıra olacak şekilde dizin. 8 ila 10 dakika veya hafifçe kızarana kadar pişirin, eşit şekilde kızarmak için bir kez çevirin. Cevizleri biraz soğumaya bırakın. Sıcak fındıkları temiz bir kurulama bezinin üzerine koyun. Gevşek derileri çıkarmak için bir havluyla ovun.

MANTARLI ELMA SOSLU TERBIYELI SOMON

BITIRMEK IÇIN BAŞLA:40 dakika şu anlama gelir: 4 porsiyon

BÜTÜN SOMON FILETOÜZERINE SOTELENMIŞ MANTAR, ARPACIK SOĞANI VE KIRMIZI KABUKLU ELMA DILIMLERI KARIŞIMI KONULAN VE PARLAK YEŞIL ISPANAK YATAĞINDA SERVIS EDILEN BU YEMEK, MISAFIRLERE SERVIS ETMEK IÇIN ETKILEYICI BIR YEMEKTIR.

1 1½ pound taze veya dondurulmuş bütün somon fileto derisi ile

1 çay kaşığı rezene tohumu, ince kıyılmış*

½ çay kaşığı kurutulmuş adaçayı, ezilmiş

½ çay kaşığı öğütülmüş kişniş

¼ çay kaşığı kuru hardal

¼ çay kaşığı karabiber

2 yemek kaşığı zeytinyağı

1½ su bardağı taze cremini mantarı, dörde bölünmüş

1 orta boy arpacık soğan, çok ince dilimlenmiş

1 küçük pişirme elması, dörde bölünmüş, çekirdeği çıkarılmış ve ince dilimlenmiş

¼ fincan sek beyaz şarap

4 su bardağı taze ıspanak

Küçük taze adaçayı dalları (isteğe bağlı)

1. Donmuşsa somonu çözün. Fırını 425 ° F'ye ısıtın. Büyük bir fırın tepsisini parşömen kağıdı ile kaplayın; kenara koymak. balığı durulayın; Kağıt havlularla kurulayın. Somonu deri tarafı aşağı gelecek şekilde

hazırlanan fırın tepsisine yerleştirin. Küçük bir kapta rezene tohumlarını, ½ çay kaşığı kuru adaçayı, kişniş, hardal ve biberi birleştirin. Somonun üzerine eşit şekilde dağıtın; parmaklarınızla ovun.

2. Balığın kalınlığını ölçün. Somonu 4 ila 6 dakika ila ½ inç kalınlığında veya bir çatalla test edildiğinde balık pulları olana kadar kızartın.

3. Bu arada tava sosu için zeytinyağını büyük bir tavada orta-yüksek ateşte ısıtın. Mantar ve arpacık ekleyin; 6 ila 8 dakika veya mantarlar yumuşayana ve ara sıra karıştırarak kahverengileşmeye başlayana kadar pişirin. elmayı ekleyin; örtün ve karıştırarak 4 dakika daha pişirin. Şarabı dikkatlice ekleyin. Açıkta 2 ila 3 dakika veya elma dilimleri yumuşayana kadar pişirin. Oluklu bir kaşık kullanarak mantar karışımını orta boy bir kaseye koyun. sıcak tutmak için örtün.

4. Aynı tavada ıspanakları sürekli karıştırarak 1 dakika veya ıspanaklar suyunu çekene kadar pişirin. Ispanağı dört tabağa paylaştırın. Somon filetoyu dört eşit parçaya bölün, deriye kadar kesin, deriden kesmeyin. Büyük bir spatula kullanarak somonun bazı kısımlarını deriden çıkarın. Her tabağa ıspanakların üzerine bir parça somon koyun. Mantar karışımını somonun üzerine eşit şekilde dökün. İsterseniz taze adaçayı ile süsleyin.

*İpucu: Rezene tohumlarını ince bir şekilde öğütmek için havaneli veya baharat öğütücü kullanın.

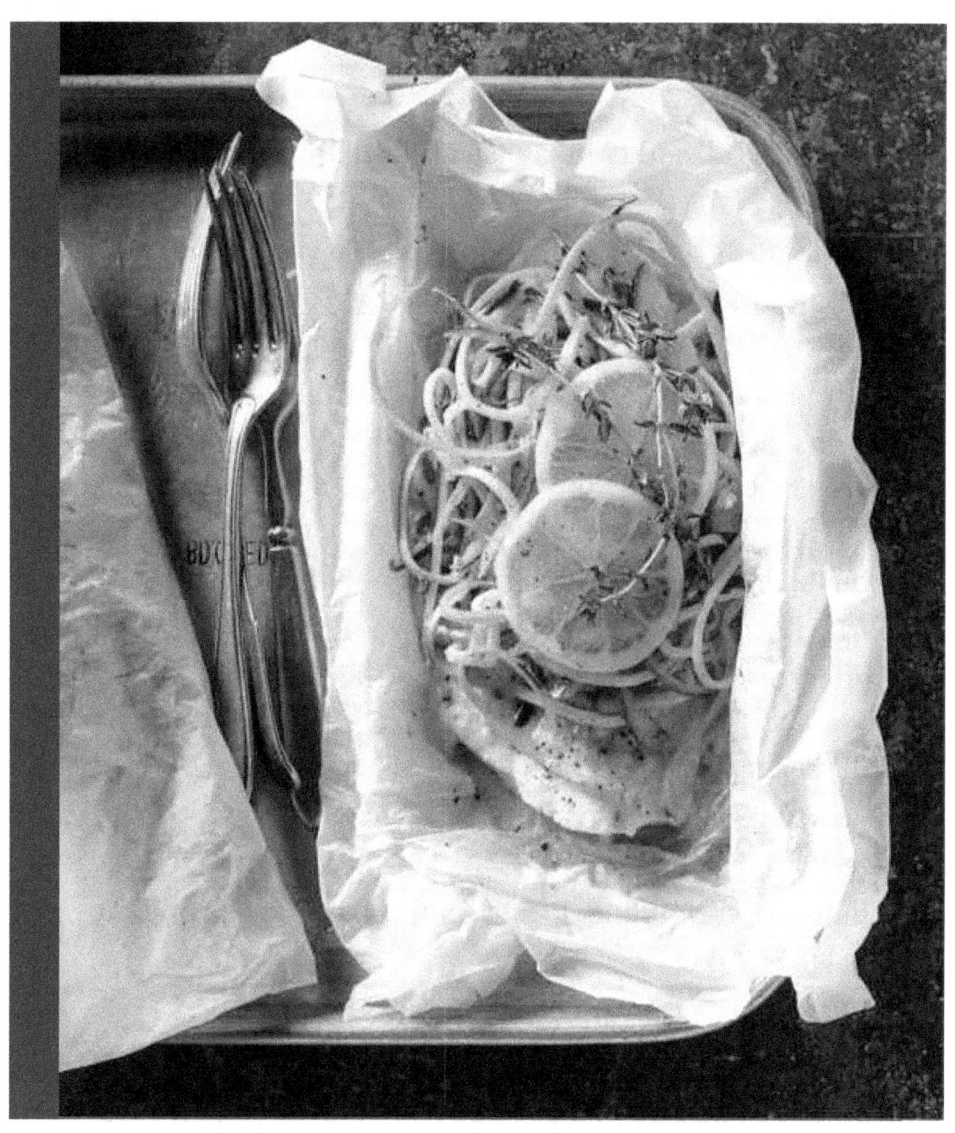

JÜLYEN DOGRANMIS SEBZELI TABAN EN PAILLOTE

HAZIRLIK:30 dakika pişirin: 12 dakika şu anlama gelir: 4 porsiyon<u>FOTOGRAF</u>

SEBZELERI KESINLIKLE JULIENNE YAPABILIRSINIZIYI BIR KESKIN SEF BIÇAGIYLA, AMA ÇOK ZAMAN ALIYOR. JULIENNE IÇIN SOYUCU (BKZ.<u>"ALET"</u>) HIZLI BIR SEKILDE UZUN, INCE, ESIT SEKILLI SEBZE SERITLERI OLUSTURUR.

4 6 ons taze veya dondurulmuş pisi balığı filetosu, pisi balığı veya diğer sert beyaz balık filetosu

1 adet jülyen doğranmış kabak

1 büyük havuç, jülyen doğranmış

Yarım kırmızı soğan, jülyen

2 adet roma domates, çekirdekleri çıkarılmış ve ince doğranmış

2 diş sarımsak, doğranmış

1 yemek kaşığı zeytinyağı

½ çay kaşığı karabiber

1 limonu 8 ince dilime kesin, çekirdeklerini çıkarın

8 dal taze kekik

4 çay kaşığı zeytinyağı

¼ fincan sek beyaz şarap

1. Donmuşsa balığı çözün. Fırını 375 ° F'ye ısıtın. Büyük bir kapta kabak, havuç, soğan, domates ve sarımsağı birleştirin. 1 yemek kaşığı zeytinyağı ve ¼ çay kaşığı biber ekleyin; birleştirmek için iyice karıştırın. sebzeleri bir kenara koyun.

2. Parşömen kağıdından 14 inçlik dört kare kesin. balığı durulayın; Kağıt havlularla kurulayın. Her karenin ortasına bir fileto yerleştirin. Kalan ¼ çay kaşığı biber serpin. Sebzeleri, limon dilimlerini ve kekik dallarını filetoların üzerine yerleştirin ve eşit şekilde dağıtın. Her yığına 1 çay kaşığı zeytinyağı ve 1 yemek kaşığı beyaz şarap gezdirin.

3. Her seferinde bir paket çalışarak, parşömen kağıdının karşılıklı iki kenarını çekin ve birkaç kez balığın üzerine katlayın. Mühürlemek için parşömenin uçlarını katlayın.

4. Parçaları geniş bir fırın tepsisine dizin. Yaklaşık 12 dakika veya bir çatalla test edildiğinde balık ayrılana kadar pişirin (pişip pişmediğini kontrol etmek için paketi yavaşça açın).

5. Her paketi bir servis tabağına yerleştirin. Paketleri dikkatlice açın.

FÜME LİMON KREMALI ROKA PESTO BALIK TACOS

HAZIRLIK:30 dakika Izgara: ½ inç kalınlık başına 4 ila 6 dakika Verim: 6 porsiyon

TABANI MORINA ILE DEĞIŞTIREBILIRSINIZ- TILAPIA YOK. NE YAZIK KI, TILAPIA BALIKLAR IÇIN EN KÖTÜ SEÇENEKLERDEN BIRIDIR. ÇIFTLIĞIN HEMEN HEMEN HER YERINDE VE GENELLIKLE KORKUNÇ KOŞULLARDA YETIŞTIRILIR. TILAPIA NEREDEYSE HER YERDE BULUNSA DA BUNDAN KAÇINILMALIDIR.

4 4 ila 5 ons taze veya dondurulmuş pisi balığı filetosu, yaklaşık ½ inç kalınlığında

Roka pesto için 1 tarif (bkz.yemek tarifi)

½ su bardağı kaju kreması (bkz.yemek tarifi)

1 çay kaşığı tütsülenmiş baharat (bkz.yemek tarifi)

½ çay kaşığı ince rendelenmiş limon kabuğu rendesi

12 marul yaprağı

1 olgun avokado, ikiye bölünmüş, çekirdeksiz, soyulmuş ve ince dilimlenmiş

1 su bardağı doğranmış domates

¼ fincan taze kişniş

1 kivi dilimler halinde kesin

1. Donmuşsa balığı çözün. balığı durulayın; Kağıt havlularla kurulayın. Balıkları bir kenara koyun.

2. Balığın her iki tarafına roka pesto sosu sürün.

3. Kömür veya gazlı ızgara için, balığı doğrudan orta-yüksek ateşte yağlanmış bir rafa yerleştirin. Örtün ve

4 ila 6 dakika veya bir çatalla test edildiğinde balık pul pul olana ve pişirme işleminin yarısında bir kez dönene kadar ızgara yapın.

4. Bu sırada füme misket limonu kreması için kaju kremasını, füme baharatları ve limon kabuğu rendesini küçük bir kapta birleştirin.

5. Balığı çatalla parçalara ayırın. Tereyağı yapraklarını balık, avokado dilimleri ve domatesle doldurun. Kişniş serpin. Dumanlı Kireç Kreması ile gezdirin. Tacoların üzerine serpilmiş limon dilimleri ile servis yapın.

BADEM KABUKLU TABAN

HAZIRLIK:15 dakika pişirin: 3 dakika hazırlayın: 2 öğün

SADECE BIRAZ BADEM UNUKREMALI MAYONEZ VE TAZE LIMON SIKARAK SERVIS EDILEN BU ULTRA HIZLI KIZARTILMIŞ BALIKTA HARIKA BIR KABUK OLUŞTURUR.

12 ons taze veya dondurulmuş pisi balığı filetosu
1 çorba kaşığı limonlu baharat (bkz.yemek tarifi)
¼ ila ½ çay kaşığı karabiber
⅓ su bardağı badem unu
2 ila 3 yemek kaşığı zeytinyağı
¼ fincan paleo mayonez (bkz.yemek tarifi)
1 çay kaşığı kıyılmış taze dereotu
limon dilimleri

1. Donmuşsa balığı çözün. balığı durulayın; Kağıt havlularla kurulayın. Küçük bir kapta baharatları limon otları ve biberle karıştırın. Filetoların her iki tarafını baharat karışımıyla kaplayın ve yapışmaları için hafifçe bastırın. Badem ununu geniş bir tabağa serpin. Her bir filetoyu bir tarafını badem ununa batırın ve yapışması için hafifçe bastırın.

2. Büyük bir tavada orta-yüksek ateşte tavayı kaplayacak kadar yağı ısıtın. Balıkları kaplanmış tarafı aşağı gelecek şekilde ekleyin. 2 dakika pişmesine izin verin. Balıkları yavaşça ters çevirin. yaklaşık 1 dakika daha veya çatalla test edildiğinde balık gevreği olana kadar pişirin.

3. Sos için küçük bir kapta paleo mayonezi ve dereotunu karıştırın. Balığı sos ve limon dilimleri ile servis edin.

BAHARATLI MANGO VE FESLEĞEN SOSLU IZGARA MORINA VE KABAK PAKETLERI

HAZIRLIK:20 dakika Izgara: 6 dakika Yapım: 4 porsiyon

1 ila 1½ pound taze veya donmuş morina, ½ ila 1 inç kalınlığında
4 24 inç uzunluğunda 12 inç genişliğinde folyo parçaları
1 orta boy kabak, jülyen şeritler halinde kesilmiş
Limonlu ve otlu baharatlar (bkz.yemek tarifi)
¼ fincan Chipotle Paleo Mayo (bkz.yemek tarifi)
1 ila 2 yemek kaşığı olgun mango püresi*
1 yemek kaşığı taze misket limonu veya limon suyu veya pirinç şarabı sirkesi
2 yemek kaşığı kıyılmış taze fesleğen

1. Donmuşsa balığı çözün. balığı durulayın; Kağıt havlularla kurulayın. Balıkları dört parçaya bölün.

2. İki kat kalın 12 inçlik bir kare yapmak için her bir folyo parçasını ikiye katlayın. Folyo karenin ortasına bir parça balık yerleştirin. Üzerine kabakların dörtte birini yerleştirin. Limon otu baharatı serpin. Folyonun karşılıklı iki kenarını yukarı kaldırın ve kabak ve balığın üzerine birkaç kez katlayın. Folyonun uçlarını katlayın. Üç paket daha oluşturmak için bu işlemi tekrarlayın. Sosu yapmak için paleo mayonez, mango, limon suyu ve fesleğeni küçük bir kapta birleştirin. kenara koymak.

3. Kömürlü veya gazlı ızgara için paketleri doğrudan orta-yüksek ateşte yağlanmış ızgara rafına yerleştirin.

Örtün ve 6 ila 9 dakika veya bir çatalla test edildiğinde balık pulları ve kabak gevrekleşene kadar ızgara yapın (pişip pişmediğini kontrol etmek için paketi dikkatlice açın). Izgara yaparken paketleri çevirmeyin. Sosu her porsiyonun üzerine dökün.

*İpucu: Mango püresi için ¼ fincan doğranmış mango ile 1 yemek kaşığı suyu bir karıştırıcıda birleştirin. Örtün ve pürüzsüz olana kadar karıştırın. Kalan mango püresini smoothie'ye ekleyin.

PESTO ILE DOLDURULMUŞ DOMATESLI RIESLING'DE HAŞLANMIŞ MORINA BALIĞI

HAZIRLIK:30 dakika pişirin: 10 dakika yapın: 4 porsiyon

1 ila 1½ pound taze veya dondurulmuş morina filetosu, yaklaşık 1 inç kalınlığında
4 Roma domatesi
3 yemek kaşığı fesleğenli pesto (bkz.yemek tarifi)
¼ çay kaşığı öğütülmüş karabiber
1 su bardağı kuru Riesling veya Sauvignon
1 dal taze kekik veya ½ çay kaşığı doğranmış kuru kekik
1 defne yaprağı
½ su bardağı su
2 yemek kaşığı doğranmış arpacık
limon dilimleri

1. Donmuşsa balığı çözün. Domatesi yatay olarak ortadan ikiye kesin. Çekirdekleri ve etin bir kısmını çıkarın. (Domatesin düz durması gerekiyorsa, domatesin dibinde bir delik açmamaya dikkat ederek ucundan çok ince bir dilim kesin.) Her bir domates yarısına biraz pesto koyun. karabiber serpin; kenara koymak.

2. Balığı durulayın; Kağıt havlularla kurulayın. Balıkları dört parçaya kesin. Sıkıca kapanan bir kapak ile büyük bir tavaya bir buharlı pişirici sepeti yerleştirin. Tavaya yaklaşık ½ inç su ekleyin. kaynamak; Isıyı orta seviyeye düşürün. Domatesleri yan tarafları yukarı gelecek şekilde sepete yerleştirin. Örtün ve 2 ila 3 dakika veya tamamen ısınana kadar pişirin.

3. Domatesleri bir tabağa koyun; sıcak tutmak için örtün. buhar sepetini kaptan çıkarın; suyu atın. Tavaya şarap, kekik, defne yaprağı ve ½ su bardağı suyu ekleyin. kaynamak; Isıyı orta-düşük seviyeye düşürün. Balık ve arpacık ekleyin. Örtün ve 8 ila 10 dakika veya bir çatalla test edildiğinde balık pul pul olana kadar pişirin.

4. Haşlama sıvısından bir miktar balığın üzerine gezdirin. Balıkları pesto dolgulu domates ve limon dilimleri ile servis edin.

EZILMIŞ TATLI PATATESLERIN ÜZERINE ANTEP FISTIĞI VE KIŞNIŞ KABUĞU ILE FIRINLANMIŞ MORINA BALIĞI

HAZIRLIK:20 dakika pişirin: Kızartın 10 dakika: ½ inç kalınlık başına 4 ila 6 dakika Yapılır: 4 porsiyon

1 ila 1½ pound taze veya dondurulmuş morina
Zeytinyağı veya rafine hindistan cevizi yağı
2 yemek kaşığı toz antep fıstığı, ceviz veya badem
1 yumurta akı
½ çay kaşığı ince rendelenmiş limon kabuğu
1½ pound tatlı patates, soyulmuş ve doğranmış
2 diş sarımsak
1 yemek kaşığı hindistan cevizi yağı
1 yemek kaşığı rendelenmiş taze zencefil
½ çay kaşığı öğütülmüş kimyon
¼ bardak hindistan cevizi sütü (Nature's Way ile aynı)
4 çay kaşığı kişniş pesto veya fesleğen pesto (bkz.tarifler)

1. Donmuşsa balığı çözün. Piliçleri önceden ısıtın. Izgara tavası yağ rendesi. Küçük bir kapta yer fıstığı, yumurta akı ve limon kabuğu rendesini karıştırın. kenara koymak.

2. Ezilmiş tatlı patatesler için, tatlı patatesleri ve sarımsağı üzerini kapatacak kadar kaynar suda orta boy bir tencerede 10 ila 15 dakika veya yumuşayana kadar pişirin. boşaltmak; Tatlı patatesleri ve sarımsağı tencereye geri koyun. Tatlı patatesleri patates ezici ile ezin. 1 yemek kaşığı hindistancevizi

yağı, zencefil ve kimyonu karıştırın. Hindistan cevizi sütünü hafif ve kabarık olana kadar çırpın.

3. Balığı durulayın; Kağıt havlularla kurulayın. Balığı dört parçaya bölün ve ızgara tavasının hazırlanmış, ısıtılmamış ızgarasına yerleştirin. İnce kenarların altına katlayın. Her parçayı kişniş pesto ile fırçalayın. Somun karışımını pestonun üzerine dökün ve dikkatlice yayın. Balığı 4 inç ateşte ½ inç kalınlığa kadar 4 ila 6 dakika veya balık çatalla test edildiğinde pul pul olana kadar kızartın ve ızgara yaparken kaplama yanmaya başlarsa folyo ile örtün. Balığı tatlı patatesle servis edin.

BIBERIYELI MORINA BALIĞI VE KAVRULMUŞ BROKOLI ILE MANDALINA

HAZIRLIK:15 dakika marine edin: 30 dakikaya kadar pişirin: 12 dakika hazırlayın: 4 porsiyon

1 ila 1½ pound taze veya dondurulmuş morina
1 çay kaşığı ince kıyılmış mandalina kabuğu
½ su bardağı taze mandalina veya portakal suyu
4 yemek kaşığı zeytinyağı
2 çay kaşığı kıyılmış taze biberiye
¼ ila ½ çay kaşığı öğütülmüş karabiber
1 çay kaşığı ince kıyılmış mandalina kabuğu
3 su bardağı brokoli çiçeği
¼ çay kaşığı öğütülmüş kırmızı biber
Mandalina dilimleri, çekirdekleri çıkarılmış

1. Fırını 450°F'ye ısıtın. Balık donmuşsa buzunu çözün. balığı durulayın; Kağıt havlularla kurulayın. Balıkları dört parçaya bölün. Balığın kalınlığını ölçün. Sığ bir kapta mandalina kabuğunu, mandalina suyunu, 2 yemek kaşığı zeytinyağını, biberiyeyi ve karabiberi karıştırın. balığı ekleyin. Örtün ve buzdolabında 30 dakikaya kadar marine edin.

2. Geniş bir kapta brokoliyi kalan 2 yemek kaşığı zeytinyağı ve ezilmiş kırmızı biberle karıştırın. 2 litrelik bir tencereye dökün.

3. Sığ bir tavayı hafifçe zeytinyağı ile kaplayın. Balığı boşaltın ve turşuyu saklayın. Balıkları ince kenarlarının altına sıkıştırarak tavaya yerleştirin.

Balıkları ve brokoliyi fırına koyun. Brokoliyi 12 ila 15 dakika veya çıtır çıtır olana kadar kavurun, pişirmenin yarısında bir kez karıştırın. Balığı her ½ inç kalınlıkta 4 ila 6 dakika veya bir çatalla test edildiğinde balık pul pul olana kadar kızartın.

4. Ayrılmış turşuyu küçük bir tavada kaynatın; 2 dakika pişmesine izin verin. Pişen balıkların üzerine marine sosunu gezdirin. Balığı brokoli ve mandalina dilimleri ile servis edin.

KÖRILI MORINA SALATASI TURP TURŞUSU ILE SARAR

HAZIRLIK:20 dakika bekletin: 20 dakika pişirin: 6 dakika
Yapar: 4 porsiyon<u>FOTOĞRAF</u>

1 pound taze veya dondurulmuş morina filetosu
6 turp, kabaca doğranmış
6 ila 7 yemek kaşığı elma sirkesi
½ çay kaşığı öğütülmüş kırmızı biber
2 yemek kaşığı rafine edilmemiş hindistancevizi yağı
¼ bardak badem ezmesi
1 diş sarımsak, kıyılmış
2 çay kaşığı ince rendelenmiş zencefil
2 yemek kaşığı zeytinyağı
1½ ila 2 çay kaşığı tuz eklenmemiş köri tozu
4 ila 8 marul yaprağı veya salata yaprağı
1 kırmızı biber, jülyen şeritler halinde kesilmiş
2 yemek kaşığı kıyılmış taze kişniş

1. Donmuşsa balığı çözün. Orta boy bir kapta turpları, 4 yemek kaşığı sirkeyi ve ¼ çay kaşığı öğütülmüş kırmızı biberi birleştirin. Ara sıra karıştırarak 20 dakika bekletin.

2. Badem ezmesi sosu için hindistancevizi yağını küçük bir tencerede kısık ateşte eritin. Badem ezmesini pürüzsüz olana kadar çırpın. Sarımsak, zencefil ve kalan ¼ çay kaşığı ezilmiş kırmızı biberi karıştırın. Ocaktan alın. Kalan 2 ila 3 yemek kaşığı elma sirkesini ekleyin ve pürüzsüz olana kadar karıştırın; kenara koymak. (Sirkeyi eklediğinizde sos biraz koyulaşır.)

3. Balığı durulayın; Kağıt havlularla kurulayın. Zeytinyağını ısıtın ve orta-yüksek ateşte büyük bir tavada köri yapın. balık ekleyin; 3 ila 6 dakika veya bir çatalla test edildiğinde balık pul pul olana ve pişirmenin yarısında bir kez dönene kadar pişirin. Balığı iki çatalla kabaca pul pul doğrayın.

4. Turpları süzün; Marinayı atın. Her bir marul yaprağına biraz balık, biber şeritleri, turp karışımı ve badem ezmesi sosu ekleyin. Kişniş serpin. Yaprağı dolgunun etrafına sarın. İstenirse paketleri tahta kürdanlarla sabitleyin.

LIMON VE REZENE ILE KIZARMIŞ MEZGIT BALIĞI

HAZIRLIK:25 dakika kavurma: 50 dakika şu anlama gelir: 4 porsiyon

HADDOCK, POLLOCK VE COD'UN SAHIP OLDUĞUHASSAS BIR TADA SAHIP SERT BEYAZ ET. OTLAR VE ŞARAPLA BIRLIKTE KAVRULMUŞ BALIK VE SEBZELERDEN OLUŞAN BU BASIT YEMEK DE DAHIL OLMAK ÜZERE ÇOĞU TARIFTE BIRBIRININ YERINE KULLANILABILIRLER.

4 6 ons taze veya dondurulmuş mezgit balığı, pollack veya morina filetosu, yaklaşık ½ inç kalınlığında

1 büyük rezene rezene, çekirdeksiz ve dilimlenmiş, yapraklarını ayırın ve doğrayın

4 orta boy havuç, dikey olarak ikiye bölünmüş ve 2 ila 3 cm uzunluğunda parçalar halinde kesilmiş

1 kırmızı soğan, ikiye bölünmüş ve dilimlenmiş

2 diş sarımsak, doğranmış

1 limon, ince dilimlenmiş

3 yemek kaşığı zeytinyağı

½ çay kaşığı karabiber

¾ fincan sek beyaz şarap

2 yemek kaşığı ince kıyılmış taze maydanoz

2 yemek kaşığı soyulmuş taze rezene yaprağı

2 çay kaşığı ince kıyılmış limon kabuğu

1. Donmuşsa balığı çözün. Fırını 400 ° F'ye ısıtın. Rezene, havuç, soğan, sarımsak ve limon dilimlerini 3 litrelik dikdörtgen bir tencerede birleştirin. 2 yemek kaşığı

zeytinyağı gezdirin ve ¼ çay kaşığı karabiber serpin. ceketi giy. Şarabı kaseye dökün. Kaseyi folyo ile örtün.

2. 20 dakika kızartın. Keşfetmek; Sebze karışımını karıştırın. 15 ila 20 dakika daha veya sebzeler gevrek ve yumuşak olana kadar kızartın. Sebze karışımını karıştırın. Balıkları kalan ¼ çay kaşığı biberle serpin. Balıkları sebze karışımının üzerine yerleştirin. Kalan 1 çorba kaşığı zeytinyağı ile gezdirin. Yaklaşık 8 ila 10 dakika veya bir çatalla test edildiğinde balık pul pul olana kadar kavurun.

3. Maydanozu, rezene yapraklarını ve limon kabuğu rendesini küçük bir kapta karıştırın. Servis yapmak için balık ve sebze karışımını servis tabaklarına paylaştırın. Suyu balık ve sebzelerin üzerine dökün. Maydanoz karışımını serpin.

CEVIZ KABUKLU CAJUN YAHNI TARTAR SOS, BAMYA VE DOMATES ILE

HAZIRLIK:1 saat Pişirme süresi: 10 dakika Pişirme süresi: 8 dakika Yapım: 4 porsiyon

BU BALIK YEMEĞI, ŞIRKETE DEĞERBITIRMESI BIRAZ ZAMAN ALIYOR AMA ZENGIN TATLAR BUNA DEĞER. TARTAR SOSU - HARDAL, LIMON VE CAJUN ÇEŞNISI ILE AŞILANMIŞ VE KIYILMIŞ KIRMIZI BIBER, YEŞIL SOĞAN VE MAYDANOZLA TATLANDIRILMIŞ MAYONEZ BAZLI BIR SOS - BIR GÜN ÖNCEDEN YAPILABILIR VE SOĞUTULABILIR.

4 yemek kaşığı zeytinyağı
½ su bardağı ince kıyılmış ceviz
2 yemek kaşığı kıyılmış taze maydanoz
1 yemek kaşığı kıyılmış taze kekik
2 8 ons Red Snapper filetosu, ½ inç kalınlığında
4 çay kaşığı Cajun baharatı (bkz.yemek tarifi)
½ fincan dilimlenmiş soğan
½ su bardağı kıyılmış yeşil biber
½ su bardağı kıyılmış kereviz
1 yemek kaşığı kıyılmış sarımsak
1 inçlik dilimler halinde kesilmiş 1 pound taze bamya (veya 1 inçlik parçalar halinde kesilmiş taze kuşkonmaz)
8 ons üzüm veya kiraz domates, yarıya
2 çay kaşığı kıyılmış taze kekik
karabiber
Rémoulade (sağdaki tarife bakın)

1. Orta boy bir tavada 1 çorba kaşığı zeytinyağını orta-yüksek ateşte ısıtın. Cevizleri ve tostu ekleyin, sık sık karıştırarak, yaklaşık 5 dakika veya altın rengi ve hoş kokulu olana kadar. Cevizleri küçük bir kaseye koyun ve soğumaya bırakın. Maydanoz ve kekiği ekleyip kenara alın.

2. Fırını 400°F'ye ısıtın. Fırın tepsisini parşömen kağıdı veya folyo ile hizalayın. Bonfile filetolarını derili tarafı aşağı gelecek şekilde bir fırın tepsisine yerleştirin ve her birine 1 çay kaşığı Cajun baharatı serpin. Bir pasta fırçası kullanarak filetolara 2 yemek kaşığı zeytinyağı sürün. Cevizli karışımı filetoların arasına eşit bir şekilde yayın ve cevizleri balıkların yüzeyine hafifçe bastırarak yapışmalarına yardımcı olun. Mümkünse, balık filetosunun açıkta kalan bölgelerini fındıkla kaplayın. Balıkları 8 ila 10 dakika veya bıçağın ucuyla kolayca pul pul dökülene kadar pişirin.

3. Büyük bir tavada kalan 1 çorba kaşığı zeytinyağını orta-yüksek ateşte ısıtın. Soğan, biber, kereviz ve sarımsağı ekleyin. 5 dakika veya sebzeler gevrek ve yumuşayana kadar pişirin ve karıştırın. Dilimlenmiş bamya (veya kullanılıyorsa kuşkonmaz) ve domates ekleyin; 5 ila 7 dakika veya bamya gevrek ve yumuşak olana ve domatesler ayrılmaya başlayana kadar pişirin. Ocaktan alıp kekik ve karabiberle tatlandırın. Sebzeleri balığı ve rémoulade ile servis edin.

Remoulade: Bir mutfak robotunda ½ su bardağı doğranmış kırmızı biber, ¼ su bardağı doğranmış yeşil soğan ve 2 yemek kaşığı kıyılmış taze maydanozu ince bir şekilde püre haline getirin. ¼ fincan paleo mayonez ekleyin (bkz.yemek tarifi), ¼ fincan Dijon hardalı (bkz.yemek tarifi), 1½ çay kaşığı limon suyu ve ¼ çay kaşığı Cajun çeşnisi (bkz.yemek tarifi). Kombinasyon halinde nabız. Bir kaseye koyun ve servis yapana kadar soğutun. (Remoulade 1 gün önceden hazırlanıp buzdolabında saklanabilir.)

AVOKADO-LIMON AÏOLI ILE TARHUN TON BALIĞI KÖFTESI

HAZIRLIK:25 dakika pişirme: 6 dakika hazırlama: 4 porsiyonFOTOĞRAF

SOMONA EK OLARAK, TON BALIĞI BIRINCE KIYILABILEN VE KÖFTE HALINE GETIRILEBILEN NADIR BALIK TÜRLERINDEN. TON BALIĞINI MUTFAK ROBOTUNDA FAZLA IŞLEMEMEYE DIKKAT EDIN.

1 pound taze veya dondurulmuş derisiz ton balığı filetosu
1 yumurta akı, hafifçe çırpılmış
¾ fincan öğütülmüş altın keten unu
1 yemek kaşığı taze kıyılmış tarhun veya dereotu
2 yemek kaşığı kıyılmış taze kişniş
1 çay kaşığı ince kıyılmış limon kabuğu
2 yemek kaşığı keten tohumu yağı, avokado yağı veya zeytinyağı
1 orta boy çekirdeksiz avokado
3 yemek kaşığı paleo mayonez (bkz.yemek tarifi)
1 çay kaşığı ince kıyılmış limon kabuğu
2 çay kaşığı taze limon suyu
1 diş sarımsak, kıyılmış
4 ons bebek ıspanak (sıkıca paketlenmiş yaklaşık 4 bardak)
⅓ su bardağı kavrulmuş sarımsaklı salata sosu (bkz.yemek tarifi)
1 Granny Smith elması, soyulmuş ve kibrit çöpü şeklinde kesilmiş
¼ su bardağı kıyılmış kavrulmuş ceviz (bkz.armağan)

1. Donmuşsa balığı çözün. balığı durulayın; Kağıt havlularla kurulayın. Balıkları 1½ inçlik parçalar halinde kesin. Balıkları bir mutfak robotuna yerleştirin. İnce kıyılmış olana kadar açma/kapama darbesi. (Dikkatli olun fazla yoğurmayın yoksa kek sertleşir.) Balığı kenara alın.

2. Orta boy bir kapta yumurta akı, ¼ fincan keten tohumu küspesi, tarhun, frenk soğanı ve limon kabuğu rendesini karıştırın. balık ekleyin; Birleştirmek için hafifçe karıştırın. Balık karışımını dört ½ inç kalınlığında köfteye şekillendirin.

3. Kalan ½ su bardağı keten tohumu ununu sığ bir kaseye koyun. Köfteleri keten tohumu karışımına batırın ve eşit şekilde kaplamak için çevirin.

4. Yağı çok büyük bir tavada orta-yüksek ateşte ısıtın. Ton balıklı köfteleri kızgın yağda 6 ila 8 dakika veya köftelere yatay olarak yerleştirilen anında okunan bir termometre 160°F'yi gösterene ve pişirmenin ortasında bir kez döndürülene kadar pişirin.

5. Bu sırada aioli için avokadoyu orta boy bir kapta çatalla ezin. Paleo mayonezi, limon kabuğu rendesi, limon suyu ve sarımsağı ekleyin. İyice birleşene ve neredeyse pürüzsüz olana kadar karıştırın.

6. Ispanağı orta boy bir kaseye koyun. Ispanağı kavrulmuş sarımsaklı salata sosu ile atın; ceketi giy. Her porsiyon için bir ton balıklı köfte ve ıspanağın dörtte birini servis tabağına alın. Ton balığını biraz

aioli ile süsleyin. Elma ve cevizli ıspanaklı üst. Hemen servis yapın.

ÇIZGILI LEVREK TAGINE

HAZIRLIK:50 dakika soğuk: 1 ila 2 saat pişirme: 22 dakika pişirme: 25 dakika yapım: 4 porsiyon

TAGIN BIR ISIMDIRHEM BIR TÜR KUZEY AFRIKA YEMEĞI (BIR TÜR GÜVEÇ) HEM DE IÇINDE PIŞIRILDIĞI KONI BIÇIMLI BIR TENCERE. EĞER YOKSA, ÜSTÜ KAPALI BIR TAVA IŞINIZI GÖRECEKTIR. CHERMOULA, ÇOĞUNLUKLA BALIKLAR IÇIN BIR TURŞU OLARAK KULLANILAN KALIN BIR KUZEY AFRIKA BITKISEL EZMESIDIR. BU RENKLI BALIK YEMEĞINI TATLI PATATES VEYA KARNABAHAR PÜRESI ILE SERVIS EDIN.

4 6 ons taze veya dondurulmuş levrek veya derisi açık pisi balığı filetosu

1 demet kişniş, doğranmış

1 çay kaşığı ince rendelenmiş limon kabuğu (kenara koyun)

¼ fincan taze limon suyu

4 yemek kaşığı zeytinyağı

5 diş sarımsak, doğranmış

4 çay kaşığı öğütülmüş kimyon

2 çay kaşığı tatlı kırmızı biber

1 çay kaşığı öğütülmüş kişniş

¼ çay kaşığı öğütülmüş anason

1 büyük soğan, soyulmuş, ikiye bölünmüş ve ince dilimlenmiş

1 15 onsluk tuzsuz kavrulmuş domates, doğranmış, tuzsuz

½ su bardağı tavuk kemiği suyu (bkz. yemek tarifi) veya ilave tuz içermeyen tavuk suyu

1 büyük sarı dolmalık biber, çekirdekleri çıkarılmış ve ½ inçlik şeritler halinde kesilmiş

1 büyük turuncu dolmalık biber, tohumlanmış ve ½ inçlik şeritler halinde kesilmiş

1. Donmuşsa balığı çözün. balığı durulayın; Kağıt havlularla kurulayın. Balık filetolarını metal olmayan sığ bir tabağa koyun. Balıkları bir kenara koyun.

2. Chermoula için kişniş, limon suyu, 2 yemek kaşığı zeytinyağı, 4 diş kıyılmış sarımsak, kimyon, kırmızı biber, kişniş ve anasonu bir blender veya küçük mutfak robotunda karıştırın. Örtün ve pürüzsüz olana kadar karıştırın.

3. Çermoulanın yarısını balığın üzerine kapatın ve balığın her iki tarafını da kaplayacak şekilde ters çevirin. Örtün ve 1 ila 2 saat soğutun. Kalan chermula ile örtün; Gerekene kadar oda sıcaklığında bırakın.

4. Fırını 325°F'ye ısıtın. Kalan 2 yemek kaşığı yağı orta-yüksek ateşte büyük bir tavada ısıtın. soğan ekleyin; pişirin ve 4 ila 5 dakika veya yumuşayana kadar karıştırın. Kalan 1 diş doğranmış sarımsağı da ekleyip karıştırın. 1 dakika kaynatın ve karıştırın. Ayrılmış chermula, domates, tavuk kemik suyu, biber şeritleri ve limon kabuğu rendesini ekleyin. kaynamak; Sıcaklığı azalt. 15 dakika ağzı kapalı olarak kaynatın. İstenirse karışımı tagine aktarın; Balığı ve kaseden kalan chermula'yı üstüne yerleştirin. Anasayfa; 25 dakika pişirin. Hemen servis yapın.

SARIMSAKLI SOSLU PISI BALIĞI, KARIDES VE SOFRITO SEBZELI

HAZIRLIK:30 dakika pişirme: 19 dakika hazırlama: 4 porsiyon

FARKLI PISI BALIĞI KAYNAKLARI VE TÜRLERI VARDIR.VE ÇOK FARKLI KALITEDE OLABILIRLER VE ÇOK FARKLI KOŞULLARDA AVLANABILIRLER. BALIKLARIN SÜRDÜRÜLEBILIRLIĞI, YAŞADIKLARI ORTAM VE YETIŞTIRILME/YAKALANMA KOŞULLARI, HANGI BALIĞIN YEMEK IÇIN IYI BIR SEÇIM OLDUĞUNU BELIRLEYEN FAKTÖRLERDIR. MONTEREY BAY AKVARYUMU WEB SITESINI ZIYARET EDIN (WWW.SEAFOODWATCH.ORG) HANGI BALIĞIN YENILIP HANGISINDEN KAÇINILACAĞINA DAIR EN SON BILGILER IÇIN.

4 6 ons taze veya dondurulmuş pisi balığı filetosu, yaklaşık 1 inç kalınlığında

karabiber

6 yemek kaşığı sızma zeytinyağı

½ su bardağı ince kıyılmış soğan

¼ fincan doğranmış kırmızı biber

2 diş sarımsak, doğranmış

¾ çay kaşığı füme İspanyol kırmızı biber

½ çay kaşığı taze kıyılmış kekik

4 su bardağı kara lahana, saplı, ¼ inç kalınlığında şeritler halinde kesilmiş (yaklaşık 12 ons)

⅓ su bardağı su

8 ons orta boy karides, soyulmuş, kabuğu çıkarılmış ve kabaca doğranmış

4 diş sarımsak, ince dilimlenmiş

¼ ila ½ çay kaşığı ezilmiş kırmızı biber

⅓ su bardağı kuru şeri

2 yemek kaşığı limon suyu

¼ su bardağı kıyılmış taze maydanoz

1. Donmuşsa balığı çözün. balığı durulayın; Kağıt havlularla kurulayın. Balığı biberle serpin. Orta-yüksek ateşte büyük bir tavada 2 yemek kaşığı zeytinyağını ısıtın. Fileto ekleyin; 10 dakika veya bir çatalla test edildiğinde altın rengi kahverengiye ve balık gevreğine kadar pişirin. Pişirmenin yarısında bir kez çevirin. Balığı sıcak tutmak için folyo ile kaplı bir tabağa ve çadıra aktarın.

2. Bu arada, başka bir büyük tavada 1 yemek kaşığı zeytinyağını orta-yüksek ateşte ısıtın. Soğan, biber, 2 diş doğranmış sarımsak, biber ve kekik ekleyin; pişirin ve 3 ila 5 dakika veya yumuşayana kadar karıştırın. Yeşil sebzeleri ve suyu karıştırın. Örtün ve 3 ila 4 dakika veya sıvı buharlaşana ve sebzeler yumuşayana kadar ara sıra karıştırarak pişirin. Örtün ve servis yapana kadar sıcak tutun.

3. Karides sosu için kalan 3 yemek kaşığı zeytinyağını balığı pişireceğiniz tavaya ekleyin. Karidesleri, 4 diş sarımsağı ve ezilmiş kırmızı biberi ekleyin. 2 ila 3 dakika veya sarımsak altın rengine dönene kadar pişirin ve karıştırın. Karides ekleyin; Karides sert ve pembe olana kadar 2 ila 3 dakika pişirin. Şeri ve

limon suyunu karıştırın. 1 ila 2 dakika veya hafifçe azalana kadar pişirin. Maydanozu karıştırın.

4. Pisi balığı filetolarını karides sosuyla yayın. Sebzelerle servis yapın.

DENIZ ÜRÜNLERI BULYON

BAŞTAN SONA: 1¾ SAAT YAPAR: 4 PORSIYON

İTALYAN CIOPPINO GIBI, BU FRANSIZ DENIZ ÜRÜNLERI YAHNISI BENZERBALIK VE KABUKLU DENIZ ÜRÜNLERI, SARIMSAK, SOĞAN, DOMATES VE ŞARAPLA BIRLIKTE BIR TENCEREYE ATILAN GÜNÜN AVINDAN BIR ÖRNEK GIBI GÖRÜNÜYOR. BUNUNLA BIRLIKTE, BOUILLABAISSE'IN KARAKTERISTIK AROMASI, SAFRAN, REZENE VE PORTAKAL KABUĞU AROMALARININ BIR KOMBINASYONUDUR.

1 pound taze veya dondurulmuş derisiz pisi balığı filetosu, 1 inçlik parçalar halinde kesilmiş

4 yemek kaşığı zeytinyağı

2 bardak doğranmış soğan

4 diş sarımsak, ezilmiş

1 baş rezene, soyulmuş ve doğranmış

6 adet roma domates, dilimlenmiş

¾ fincan tavuk kemiği suyu (bkz.yemek tarifi) veya ilave tuz içermeyen tavuk suyu

¼ fincan sek beyaz şarap

1 su bardağı ince kıyılmış soğan

1 baş rezene, temizlenmiş ve ince doğranmış

6 diş sarımsak, doğranmış

1 portakal

3 adet roma domates, ince doğranmış

4 dal safran

1 yemek kaşığı rendelenmiş taze kekik

1 pound ince boyunlu istiridye, temizlenmiş ve yıkanmış

1 pound istiridye, sakalları alınmış, temizlenmiş ve durulanmış (bkz.armağan)

Kıyılmış taze kekik (isteğe bağlı)

1. Donmuş halibutu çözün. balığı durulayın; Kağıt havlularla kurulayın. Balıkları bir kenara koyun.

2. 6-8 litrelik bir fırında 2 yemek kaşığı zeytinyağını orta-yüksek ateşte ısıtın. Tavaya 2 su bardağı doğranmış soğan, 1 doğranmış rezene ve 4 diş sarımsak ekleyin. Ara sıra karıştırarak 7 ila 9 dakika veya soğan yumuşayana kadar pişirin. 6 adet doğranmış domates ve 1 adet doğranmış rezeneyi ekleyin; 4 dakika daha pişirin. Tencereye tavuk kemik suyu ve beyaz şarap ekleyin; 5 dakika pişirin; biraz soğumaya bırakın. Sebze karışımını bir karıştırıcıya veya mutfak robotuna yerleştirin. Pürüzsüz olana kadar örtün ve karıştırın veya işleyin; kenara koymak.

3. Aynı Hollanda fırında kalan 1 yemek kaşığı zeytinyağını orta-yüksek ateşte ısıtın. 1 su bardağı ince kıyılmış soğan, 1 baş ince kıyılmış rezene ve 6 diş kıyılmış sarımsak ekleyin. Orta-yüksek ateşte 5 ila 7 dakika veya neredeyse yumuşayana kadar sık sık karıştırarak pişirin.

4. Bir sebze soyucu kullanarak portakalların kabuklarını geniş şeritler halinde çıkarın. kenara koymak. Püre haline getirilmiş sebze karışımını, 3 dilimlenmiş domatesi, safranı, kekik ve portakal kabuğu şeritlerini bir Hollanda fırınına yerleştirin. kaynamak; Kaynamayı sürdürmek için ısıyı azaltın. İstiridye, midye ve balık ekleyin; Balığı sosla kaplamak için

hafifçe atın. Kaynamayı sürdürmek için ısıyı gerektiği gibi ayarlayın. Bir çatalla test edildiğinde istiridye ve midye açılana ve balık pulları çıkana kadar örtün ve 3 ila 5 dakika yavaşça pişirin. Servis etmek için sığ kaselere dökün. İstenirse ilave kekik serpin.

KLASIK KARİDES CEVICHE

HAZIRLIK:20 dakika pişirme: 2 dakika soğutma: 1 saat bekleme: 30 dakika yapma: 3 ila 4 porsiyon

BU LATIN AMERİKA YEMEĞİ MÜKEMMEL TAT VE DOKU. GEVREK SALATALIK VE KEREVİZ, KREMALI AVOKADO, SICAK VE BAHARATLI JALAPEÑOS VE MİSKET LİMONU SUYU VE ZEYTİNYAĞI İLE YUMUŞAK, TATLI BİR KARİDES KARIŞIMI. GELENEKSEL CEVICHE'DE, LİMON SUYUNDAKİ ASİTLİK KARİDESİ "PİŞİRİR" - ANCAK KAYNAYAN SUYA HIZLI BİR ŞEKİLDE DALMAK, SADECE GÜVENDE OLMAK İÇİN HİÇBİR ŞEYİ ŞANSA BIRAKMAZ - VE KARİDESİN LEZZETİNİ VEYA DOKUSUNU ETKİLEMEZ.

- 1 pound taze veya dondurulmuş orta boy karides, soyulmuş ve kabuğu çıkarılmış, kuyrukları alınmış
- Yarım salatalık, soyulmuş, çekirdekleri çıkarılmış ve dilimlenmiş
- 1 su bardağı kıyılmış kereviz
- Yarım küçük kırmızı soğan, doğranmış
- 1 ila 2 jalapeños, tohumlanmış ve dilimlenmiş (bkz. armağan)
- ½ su bardağı taze limon suyu
- 2 Roma domates, doğranmış
- 1 avokado, yarıya, çekirdeksiz, soyulmuş ve doğranmış
- ¼ fincan taze kişniş
- 3 yemek kaşığı zeytinyağı
- ½ çay kaşığı karabiber

1. Karidesler donmuşsa, çözün. Karidesleri soyun ve dilimleri çıkarın; kuyrukları çıkarın. karidesleri durulayın; Kağıt havlularla kurulayın.

2. Büyük bir tencereyi yarısına kadar suyla doldurun. Haydi kaynatalım. Karidesleri kaynayan suya atın. Açıkta 1 ila 2 dakika veya karides opaklaşana kadar pişirin. boşaltmak. Karidesleri soğuk suyun altına koyun ve tekrar süzün. Karidesleri kesin.

3. Çok büyük, tepkimeye girmeyen bir kapta karides, salatalık, kereviz, soğan, jalapeno biberi ve limon suyunu birleştirin. Üzerini kapatıp 1-2 kez buzdolabında 1 saat kadar karıştırın.

4. Domates, avokado, kişniş, zeytinyağı ve karabiberi ekleyip karıştırın. Üzerini örtün ve 30 dakika oda sıcaklığında bekletin. Servis yapmadan önce hafifçe karıştırın.

HINDISTAN CEVIZI KABUĞU VE KARIDESLI ISPANAK SALATASI

HAZIRLIK:25 dakika pişirin: 8 dakika şu anlama gelir: 4 porsiyonFOTOĞRAF

TICARI OLARAK ÜRETILEN ZEYTINYAĞI SPREY KUTULARITAHIL ALKOLÜ, LESITIN VE MAYALAYICI MADDELER IÇEREBILIR; TEMIZ, GERÇEK YIYECEKLER YEMEYE VE TAHILLARDAN, SAĞLIKSIZ YAĞLARDAN, BAKLAGILLERDEN VE SÜT ÜRÜNLERINDEN KAÇINMAYA ÇALIŞIYORSANIZ HARIKA BIR KARIŞIM DEĞILDIR. YAĞ BAYICI, YAĞI INCE BIR PÜSKÜRTÜCÜYE AKTARMAK IÇIN YALNIZCA HAVA KULLANIR - PIŞIRMEDEN ÖNCE KARIDESLERI HINDISTANCEVIZI KABUĞUYLA HAFIFÇE KAPLAMAK IÇIN IDEALDIR.

Kabuklarında 1½ pound taze veya dondurulmuş ekstra büyük karides

Sızma zeytinyağı ile doldurulmuş Misto sprey şişesi

2 yumurta

¾ su bardağı şekersiz hindistan cevizi gevreği veya rendelenmiş hindistan cevizi

¾ su bardağı badem unu

½ su bardağı avokado yağı veya zeytinyağı

3 yemek kaşığı taze limon suyu

2 yemek kaşığı taze limon suyu

2 küçük diş sarımsak, kıyılmış

⅛ ila ¼ çay kaşığı ezilmiş kırmızı biber

8 su bardağı taze bebek ıspanak

1 orta boy avokado, ikiye bölünmüş, çekirdeksiz, soyulmuş ve ince dilimlenmiş

İnce, ısırık büyüklüğünde şeritler halinde dilimlenmiş 1 küçük turuncu veya sarı dolmalık biber

½ su bardağı kırmızı soğan

1. Karidesler donmuşsa, çözün. Kuyrukları bozulmadan karidesleri soyun ve çıkarın. karidesleri durulayın; Kağıt havlularla kurulayın. Fırını 450 ° F'ye ısıtın. Büyük bir fırın tepsisini folyo ile kaplayın; Folyoyu Misto şişesinden aldığınız yağla hafifçe yağlayın; kenara koymak.

2. Yumurtaları sığ bir kapta çatalla çırpın. Başka bir düz kapta hindistan cevizi ve badem ununu karıştırın. Karidesleri yumurtalara batırın ve kaplamak için çevirin. Hindistan cevizi karışımına batırın ve kaplamak için bastırın (kuyrukları kaplanmamış bırakın). Karidesleri hazırlanan fırın tepsisine tek bir tabaka halinde yerleştirin. Karideslerin üst kısımlarını Misto şişesinden aldığınız yağla kaplayın.

3. 8 ila 10 dakika veya karidesler yarı saydam olana ve kaplama hafifçe kızarana kadar pişirin.

4. Sosu yapmak için avokado yağı, limon suyu, limon suyu, sarımsak ve ezilmiş kırmızı biberi küçük bir cam kavanozda birleştirin. Örtün ve iyice çalkalayın.

5. Salatalar için ıspanağı dört servis tabağına paylaştırın. Avokado, dolmalık biber, kırmızı soğan ve karides ile süsleyin. Sosun üzerine dökün ve hemen servis yapın.

TROPIKAL KARIDES VE TARAK CEVICHE

HAZIRLIK:20 dakika marine edin: 30 ila 60 dakika
Yapar: 4 ila 6 porsiyon

SOĞUK VE HAFIF CEVICHE HARIKA BIR YEMEKTIR.SICAK BIR YAZ GECESI IÇIN. KAVUN, MANGO, SERRANO BIBERI, REZENE VE MANGO LIMONLU SALATA SOSU ILE (BKZ.YEMEK TARIFI), BU, ORIJINALIN TATLI VE SICAK BIR VERSIYONUDUR.

1 pound taze veya dondurulmuş tarak

1 pound taze veya dondurulmuş büyük karides

2 su bardağı doğranmış kavun

2 orta boy mango, tohumlanmış, soyulmuş ve doğranmış (yaklaşık 2 bardak)

1 baş rezene, ayıklanmış, tohumları dörde bölünmüş ve ince dilimlenmiş

1 orta boy kırmızı dolmalık biber, doğranmış (yaklaşık ¾ bardak)

1 ila 2 serrano şili, tohumlanmış ve istenirse ince dilimlenmiş (bkz.armağan)

½ fincan gevşek bir şekilde paketlenmiş taze kişniş, doğranmış

Mango ve misket limonu salatası sosu için 1 tarif (bkz.yemek tarifi)

   1. Deniz tarağı ve karides donmuşsa buzu çözün. Fasulyeleri yatay olarak ortadan ikiye kesin. Karidesleri soyun, süzün ve yatay olarak ikiye bölün. Tarak ve karidesleri durulayın; Kağıt havlularla kurulayın. Büyük bir tencerenin dörtte üçünü suyla

doldurun. Haydi kaynatalım. Karides ve tarak ekleyin; 3 ila 4 dakika veya karides ve deniz tarağı opak olana kadar pişirin; çabuk soğuması için süzün ve soğuk suyla durulayın. İyice süzün ve bir kenara koyun.

2. Çok büyük bir kapta kavun, mango, rezene, dolmalık biber, serrano kırmızı biber ve kişnişi birleştirin. Mangolu limonlu salata sosu ekleyin; Dikkatlice ceketin üzerine atın. Pişmiş karides ve tarakta hafifçe karıştırın. Servis yapmadan önce buzdolabında 30 ila 60 dakika marine edin.

AVOKADO YAĞI ILE JAMAIKA PISLIK KARIDES

BITIRMEK IÇIN BAŞLA:20 dakika şu anlama gelir: 4 porsiyon

MASAYA TOPLAM 20 DAKIKA SÜRE ILEBU YEMEK, EVDE EN YOĞUN GECELERDE BILE SAĞLIKLI BIR ÖĞÜN IÇIN BIR BAŞKA ZORLAYICI SEBEP.

1 pound taze veya dondurulmuş orta karides
1 su bardağı kıyılmış, soyulmuş mango (1 orta boy)
⅓ fincan ince dilimlenmiş kırmızı soğan
¼ fincan taze kişniş
1 yemek kaşığı taze limon suyu
2 ila 3 yemek kaşığı Jamaika pisliği çeşnisi (bkz.yemek tarifi)
1 yemek kaşığı sızma zeytinyağı
2 yemek kaşığı avokado yağı

1. Karidesler donmuşsa, çözün. Orta boy bir kapta mango, soğan, kişniş ve limon suyunu birleştirin.

2. Karidesleri soyun ve inceltin. karidesleri durulayın; Kağıt havlularla kurulayın. Karidesleri orta boy bir kaseye koyun. Jamaika pisliği baharatı serpin. Karidesleri her taraftan kaplamak için fırlatın.

3. Büyük, yapışmaz bir tavada zeytinyağını orta-yüksek ateşte ısıtın. karides ekleyin; pişirin ve yaklaşık 4 dakika veya opak olana kadar karıştırın. Karidesleri avokado yağı ile gezdirin ve mango karışımı ile servis yapın.

SOLMUŞ ISPANAKLI VE TURPLU KARIDES

HAZIRLIK:15 dakika pişirin: 8 dakika hazırlayın: 3 porsiyon

"SCAMPI", KLASIK BIR RESTORAN YEMEĞI ANLAMINA GELIR.BOL SARIMSAK VE LIMONLA TEREYAĞINDA HAŞLANMIŞ VEYA KIZARTILMIŞ BÜYÜK KARIDESLER. BU LEZZETLI ZEYTINYAĞI VERSIYONU, PALEO ONAYLIDIR VE HIZLI KAVRULMUŞ TURP VE ISPANAKLA BESLEYICI OLARAK ZENGINLEŞTIRILMIŞTIR.

1 pound taze veya dondurulmuş büyük karides
4 yemek kaşığı sızma zeytinyağı
6 diş sarımsak, doğranmış
½ çay kaşığı karabiber
¼ fincan sek beyaz şarap
½ su bardağı kıyılmış taze maydanoz
½ turp başı, temizlenmiş ve ince dilimlenmiş
½ çay kaşığı öğütülmüş kırmızı biber
9 su bardağı bebek ıspanak
limon dilimleri

1. Karidesler donmuşsa, çözün. Kuyrukları bozulmadan karidesleri soyun ve çıkarın. Orta-yüksek ateşte büyük bir tavada 2 yemek kaşığı zeytinyağını ısıtın. Karidesleri, 4 diş kıyılmış sarımsağı ve karabiberi ekleyin. Pişirin ve yaklaşık 3 dakika veya karides opak olana kadar karıştırın. Karides karışımını bir kaseye koyun.

2. Beyaz şarabı tavaya dökün. Kahverengi sarımsaklar tencerenin altından ayrılıncaya kadar karıştırarak pişirin. Şarabı karidesin üzerine dökün; birleştirmek atmak. Maydanozu karıştırın. Sıcak tutmak için gevşek bir şekilde folyo ile örtün; kenara koymak.

3. Kalan 2 yemek kaşığı zeytinyağını, kalan 2 diş kıyılmış sarımsağı, turpu ve kıyılmış kırmızı biberi tavaya ekleyin. Orta-yüksek ateşte 3 dakika veya turp solmaya başlayana kadar pişirin ve karıştırın. Ispanağı hafifçe karıştırın. 1 ila 2 dakika daha veya ıspanak soluncaya kadar pişirin ve karıştırın.

4. Servis yapmak için ıspanaklı karışımı üç servis tabağına paylaştırın. Karides karışımı ile doldurun. Karidesleri ve sebzeleri sıkmak için limon dilimleri ile servis yapın.

AVOKADO, GREYFURT VE JICAMA ILE YENGEÇ SALATASI

BITIRMEK IÇIN BAŞLA:30 dakika şu anlama gelir: 4 porsiyon

YENGEÇ ETI VEYA SIRT YÜZGECI ETI EN IYISIDIRBU SALATA IÇIN PARÇA YENGEÇ ETI, SALATALARDA ÇOK IŞE YARAYAN BÜYÜK PARÇALARDIR. SIRT YÜZGECI, KIRIK JUMBO YENGEÇ ETI PARÇALARI ILE YENGEÇ GÖVDESINDEN DAHA KÜÇÜK YENGEÇ ETI PARÇALARININ BIR KARIŞIMIDIR. SIRT YÜZGECI BIR JUMBO YUMRU YENGECINDEN DAHA KÜÇÜK OLMASINA RAĞMEN, GAYET IYI ÇALIŞIYOR. TABII KI TAZE EN IYISIDIR, ANCAK ÇÖZÜLMÜŞ DONMUŞ KARIDES IYI BIR SEÇIMDIR.

6 su bardağı bebek ıspanak

½ orta boy pırasa, soyulmuş ve jülyen doğranmış*

2 pembe veya yakut greyfurt, soyulmuş, çekirdekleri çıkarılmış ve dilimlenmiş**

2 küçük avokado, ikiye bölünmüş

1 pound yumru veya sırt yüzgeci yengeç eti

Greyfurt fesleğen sosu (sağdaki tarife bakın)

1. Ispanağı dört servis tabağına paylaştırın. Üzerine jicama, greyfurt dilimleri ve toplanmış meyve suyu, avokado ve yengeç eti ekleyin. Greyfurt fesleğen sosu üzerine dökün.

Greyfurt Fesleğen Sosu: ⅓ fincan sızma zeytinyağını bir kavanozda karıştırın; ¼ bardak taze greyfurt suyu; 2 yemek kaşığı taze portakal suyu; ½ küçük arpacık soğanı, doğranmış; 2 yemek kaşığı ince doğranmış taze fesleğen; ¼ çay kaşığı ezilmiş kırmızı biber; ve ¼ çay kaşığı karabiber. Örtün ve iyice çalkalayın.

*İpucu: Jülyen soyucu jicamayı hızla ince şeritler halinde keser.

**İpucu: Bir greyfurtu dilimlemek için meyvenin ucundan ve altından birer dilim kesin. Çalışma yüzeyine dik olarak yerleştirin. Meyvenin yuvarlak şeklini takip ederek kabuğu şeritler halinde çıkarmak için meyveyi yukarıdan aşağıya doğru parçalara ayırın. Meyveyi bir kasenin üzerinde tutun ve meyveyi hamurdan ayırmak için her bölümün kenarları boyunca ortasını bir soyma bıçağı kullanarak çizin. Birikmiş meyve suyuyla birlikte parçaları bir kaseye yerleştirin. kemik iliğini atın.

CAJUN ISTAKOZ KUYRUĞU TARHUN AIOLI ILE PIŞIRILIR

HAZIRLIK:20 dakika pişirin: 30 dakika yapın: 4 porsiyon<u>FOTOĞRAF</u>

İKİ KİŞİLİK ROMANTİK BİR AKŞAM YEMEĞİ İÇİN,BU TARİFİ YARIYA INDIRMEK KOLAYDIR. ISTAKOZ KUYRUĞUNUN KABUĞUNU KESMEK VE ZENGIN ETI KAZMAK IÇIN ÇOK KESKIN MUTFAK MAKASI KULLANIN.

2 Cajun Çeşnisi tarifi (bkz.<u>yemek tarifi</u>)
12 diş sarımsak, soyulmuş ve ikiye bölünmüş
2 limon, yarıya
2 büyük havuç, soyulmuş
2 soyulmuş kereviz sapı
2 rezene ampulü, ince dilimlenmiş
1 pound bütün mantar
4 7 ila 8 onsluk Maine ıstakoz kuyrukları
4 adet 8 inçlik bambu şiş
½ fincan paleo aïoli (sarımsaklı mayonez) (bkz.<u>yemek tarifi</u>)
¼ bardak Dijon hardalı (bkz.<u>yemek tarifi</u>)
2 yemek kaşığı rendelenmiş taze tarhun veya maydanoz

1. 8 litrelik bir tencerede 6 bardak su, Cajun baharatı, sarımsak ve limonu birleştirin. kaynamak; 5 dakika pişmesine izin verin. Sıvının kaynaması için ısıyı azaltın.

2. Havuç ve kerevizi çaprazlamasına dört parçaya bölün. Sıvıya havuç, kereviz ve rezene ekleyin. Örtün ve 10 dakika pişirin. mantar ekleyin; örtün ve 5 dakika

pişirin. Oluklu bir kaşık kullanarak sebzeleri bir servis kasesine aktarın. sıcak tut

3. Her ıstakoz kuyruğunun gövde ucundan başlayarak, şişi et ile kabuk arasına neredeyse kuyruğun sonuna kadar gelecek şekilde sokun. (Bu, pişirme sırasında kuyruğun kıvrılmasını önleyecektir.) Isıyı azaltın. Istakoz kuyruklarını bir tavada zar zor kaynayan sıvıda 8 ila 12 dakika veya kabuklar parlak kırmızı olana ve et çatalla delindiğinde yumuşayana kadar pişirin. Istakozu pişirme sıvısından çıkarın. Istakoz kuyruklarını bir mutfak havlusuyla tutun ve şişleri çıkarın ve atın.

4. Küçük bir kapta paleo aioli, Dijon hardalı ve tarhunu karıştırın. Istakoz ve sebzelerle servis yapın.

SAFRAN AÏOLI ILE MIDYE KIZARTMASI

BAŞTAN SONA: 1¼ SAAT ŞU ANLAMA GELIR: 4 PORSIYON

FRANSIZ KLASIĞININ PALEO VERSIYONU. BEYAZ ŞARAP VE OTLARDA BUĞULANMIŞ MIDYE, INCE VE ÇITIR BEYAZ PATATES KIZARTMASI ILE SERVIS EDILIR. PIŞIRMEDEN ÖNCE KAPANMAYAN ISTIRIDYELERI VE PIŞTIKTEN SONRA AÇILMAYAN MIDYELERI ATIN.

YABAN HAVUCU KIZARTMASI
1½ pound yaban havucu, soyulmuş ve 3 × ¼ inç jülyen şeritler halinde kesilmiş
3 yemek kaşığı zeytinyağı
2 diş sarımsak, doğranmış
¼ çay kaşığı karabiber
⅛ çay kaşığı acı biber

SAFRANLI AIOLI
⅓ fincan paleo aïoli (sarımsaklı mayonez) (bkz. yemek tarifi)
⅛ çay kaşığı safran ipliği, hafifçe ezilmiş

KABUKLAR
4 yemek kaşığı zeytinyağı
½ su bardağı ince kıyılmış maydanoz
6 diş sarımsak, doğranmış
¼ çay kaşığı karabiber
3 su bardağı sek beyaz şarap
3 büyük dal yassı maydanoz
4 pound istiridye, temizlenmiş ve kemiği alınmış*
¼ bardak kıyılmış taze İtalyan maydanozu

2 yemek kaşığı rendelenmiş taze tarhun (isteğe bağlı)

1. Yaban havucu kızartması için fırını 450°F'ye ısıtın. Dilimlenmiş yaban havucunu buzdolabında üzerini kapatacak kadar soğuk suda 30 dakika bekletin. boşaltın ve kağıt havlularla kurulayın.

2. Büyük bir fırın tepsisine parşömen kağıdı serin. Yaban havucuları çok büyük bir kaseye koyun. Küçük bir kasede 3 yemek kaşığı zeytinyağı, 2 diş kıyılmış sarımsak, ¼ çay kaşığı karabiber ve acı biberi karıştırın. Yabani havuçların üzerine gezdirin ve kaplamak için fırlatın. Hazırlanan fırın tepsisine yaban havucuları eşit şekilde yayın. Ara sıra karıştırarak 30 ila 35 dakika veya yumuşayana ve kahverengileşmeye başlayana kadar pişirin.

3. Aïoli Paleo için aïoli ve safranı küçük bir kapta birleştirin. Servis edilene kadar örtün ve buz dolabında saklayın.

4. Bu arada, 6-8 litrelik bir tencerede veya Hollanda fırında 4 yemek kaşığı zeytinyağını orta-yüksek ateşte ısıtın. Arpacık soğanı, 6 diş sarımsağı ve ¼ çay kaşığı karabiberi ekleyin; yaklaşık 2 dakika veya yumuşak ve solana kadar sık sık karıştırarak pişirin.

5. Tencereye şarap ve maydanoz dallarını ekleyin; kaynamak. Mercimekleri ekleyin ve birkaç kez karıştırın. Sıkıca kapatın ve 3 ila 5 dakika veya kabuklar açılana kadar hafifçe iki kez karıştırarak buharlayın. Açılmayan kabukları atın.

6. Büyük bir spatula kullanarak istiridyeleri sığ çorba kaselerine yerleştirin. Maydanoz dallarını pişirme sıvısından çıkarın ve atın; Pişirme sıvısını midyelerin üzerine dökün. İsterseniz kıyılmış maydanoz ve tarhun ile süsleyin. Yaban havucu kızartması ve safran aïoli ile hemen servis yapın.

* İpucu: midyeleri satın aldığınız gün pişirin. Yabani hasat edilmiş istiridye kullanıyorsanız, kum ve kumu temizlemek için 20 dakika boyunca bir kase soğuk suda bekletin. (Çiftlikte yetiştirilen istiridyeler için bu gerekli değildir.) İstiridyeleri akan soğuk su altında sert bir fırçayla teker teker ovalayın. Pişirmeden yaklaşık 10 ila 15 dakika önce istiridyelerdeki tohumları çıkarın. Sakal, kabuktan çıkan küçük bir lif topluluğudur. Sakalları çıkarmak için ipi başparmağınız ve işaret parmağınızla kavrayın ve menteşeye doğru çekin. (Bu yöntem istiridyeyi yok etmez.) Maşa veya balık cımbızı da kullanabilirsiniz. Her deniz tarağının kabuğunun iyice kapatıldığından emin olun. Midyeler açılınca hafifçe tezgaha vurun. Birkaç dakika içinde kapanmayan istiridyeleri atın. Kabukları çatlamış veya hasar görmüş istiridyeleri atın.

PANCAR AROMALI FIRINDA DENIZ TARAĞI

BITIRMEK IÇIN BAŞLA:30 dakika şu anlama gelir: 4 porsiyonFOTOĞRAF

GÜZEL BIR ALTIN KABUK IÇIN,TAVAYA EKLEMEDEN ÖNCE TARAKLARIN YÜZEYININ GERÇEKTEN KURU VE TAVANIN SICAK OLDUĞUNDAN EMIN OLUN. AYRICA, TARAKLARI TERS ÇEVIRMEDEN ÖNCE DIKKATLICE KONTROL EDEREK 2 ILA 3 DAKIKA RAHATSIZ EDILMEDEN PIŞIRIN.

1 pound taze veya donmuş deniz tarağı, kağıt havlularla kurulayın

3 orta boy pancar, soyulmuş ve dilimlenmiş

½ Granny Smith elma, soyulmuş ve dilimlenmiş

2 jalapeno biberi, sapları çıkarılmış, çekirdekleri çıkarılmış ve dilimlenmiş (bkz.armağan)

¼ bardak kıyılmış taze kişniş

2 yemek kaşığı ince kıyılmış kırmızı soğan

4 yemek kaşığı zeytinyağı

2 yemek kaşığı taze limon suyu

Beyaz biber

1. Deniz tarakları donmuşsa, çözün.

2. Pancar ikramı için pancar, elma, jalapeños, kişniş, soğan, 2 yemek kaşığı zeytinyağı ve limon suyunu orta boy bir kapta birleştirin. İyice karıştırın. Tarakları hazırlarken bir kenara koyun.

3. Deniz taraklarını durulayın; Kağıt havlularla kurulayın. Kalan 2 yemek kaşığı zeytinyağını orta-yüksek ateşte

büyük bir tavada ısıtın. tarak ekleyin; 4 ila 6 dakika veya altın rengi kahverengi olana ve dışı zar zor opak olana kadar kızartın. Tarakları beyaz biberle hafifçe serpin.

4. Servis yapacağınız zaman pancarlı harcı servis tabaklarına eşit şekilde dağıtın. Tarak ile üst. Hemen servis yapın.

SALATALIK DEREOTU SALSA ILE KURUTULMUŞ DENIZ TARAĞI

HAZIRLIK: 35 dakika soğuk: 1 ila 24 saat Izgara: 9 dakika
Yapım: 4 porsiyon

İŞTE EN SAF AVOKADOYU ELDE ETMEK IÇIN BIR IPUCU: ONLARI PARLAK YEŞIL VE SERT OLDUKLARINDA SATIN ALIN, ARDINDAN BIRKAÇ GÜN TEZGAHTA OLGUNLAŞMALARINA IZIN VERIN - PARMAKLARINIZLA HAFIFÇE SIKTIĞINIZDA BIRAZ VERENE KADAR. SERT VE OLGUNLAŞMAMIŞLARSA PAZARDAN GELIRKEN EZILMEZLER.

12 veya 16 taze veya dondurulmuş deniz tarağı (toplam 1¼ ila 1¾ pound)

¼ su bardağı zeytinyağı

4 diş sarımsak, doğranmış

1 çay kaşığı taze çekilmiş karabiber

2 orta boy kabak, uzunlamasına kesilmiş ve ikiye bölünmüş

½ orta boy salatalık, uzunlamasına ikiye bölünmüş ve enlemesine ince dilimlenmiş

1 orta boy avokado, ikiye bölünmüş, çekirdekleri çıkarılmış, soyulmuş ve dilimlenmiş

1 orta boy domates, çekirdekleri çıkarılmış, çekirdekleri çıkarılmış ve doğranmış

2 çay kaşığı soyulmuş taze nane

1 çay kaşığı kıyılmış taze dereotu

1. Deniz tarakları donmuşsa, çözün. Tarakları soğuk suyla durulayın; Kağıt havlularla kurulayın. Büyük bir

kapta 3 yemek kaşığı yağ, sarımsak ve ¾ çay kaşığı biberi karıştırın. tarak ekleyin; Dikkatlice ceketin üzerine atın. Ara sıra karıştırarak en az 1 saat veya 24 saate kadar örtün ve soğutun.

2. Kabak yarımlarını kalan 1 çorba kaşığı yağ ile kaplayın. kalan ¼ çay kaşığı biberi eşit şekilde serpin.

3. Deniz taraklarını süzün ve turşuyu atın. Her bir şiş çifti için 3 veya 4 tarak kullanarak, taraklar arasında ½ inç boşluk bırakarak iki adet 10 ila 12 inçlik şişleri her taraktan geçirin. * (Fistoları iki şiş üzerine dizmek, ızgara ve çevirme sırasında sabit kalmalarını sağlayacaktır.)

4. Kömür veya gazlı ızgara için, tarak şişlerini ve kabak yarımlarını doğrudan orta-yüksek ateşte ızgara rafına yerleştirin. ** Üzerini örtün ve taraklar yarı saydam olana ve kabaklar yumuşayana kadar ızgara yapın. Tarak için 6 ila 8 dakika ve kabak için 9 ila 11 dakika bekleyin.

5. Salsa için orta boy bir kapta salatalık, avokado, domates, nane ve dereotunu karıştırın. Birleştirmek için hafifçe karıştırın. Dört servis tabağının her birine 1 adet deniz tarağı şişi yerleştirin. Kabakları enlemesine ortadan ikiye kesin ve taraklarla birlikte tabaklara dizin. Salatalık karışımını tarakların üzerine eşit şekilde dökün.

*İpucu: Tahta şiş kullanıyorsanız, kullanmadan önce üzerlerini örtecek kadar 30 dakika suda bekletin.

** Izgara için: 3. adımda açıklandığı gibi hazırlayın. Fisto şişlerini ve yarım kabakları tavanın ısıtılmamış ızgarasına yerleştirin. Tarak yarı saydam olana ve kabak yumuşayana kadar 4 ila 5 inç ısıda kızartın. Tarak için 6 ila 8 dakika ve kabak için 10 ila 12 dakika bekleyin.

FIRINDA DENIZ TARAĞI, DOMATES, ZEYTINYAĞI VE OT SOS ILE

HAZIRLIK:20 dakika pişirin: 4 dakika hazırlayın: 4 porsiyon

SOS NEREDEYSE SICAK BIR SALATA SOSU GIBIDIR.ZEYTINYAĞI, DOĞRANMIŞ TAZE DOMATES, LIMON SUYU VE OTLAR BIRLEŞTIRILIR VE ÇOK HAFIFÇE ISITILIR - SADECE LEZZETLERI AŞILAMAYA YETECEK KADAR - VE ARDINDAN KURUTULMUŞ DENIZ TARAĞI VE ÇITIR AYÇIÇEĞI TOHUMU SALATASI ILE SERVIS EDILIR.

TARAK VE SOS
1 ila 1½ pound büyük taze veya dondurulmuş deniz tarağı (yaklaşık 12)
2 büyük Roma domatesi, soyulmuş, çekirdekleri çıkarılmış ve dilimlenmiş
½ su bardağı zeytinyağı
2 yemek kaşığı taze limon suyu
2 yemek kaşığı kıyılmış taze fesleğen
1 ila 2 çay kaşığı ince kıyılmış frenk soğanı
1 yemek kaşığı zeytinyağı

SALATA
4 su bardağı ayçiçeği filizi
1 limon, dilimler halinde kesilmiş
Sızma zeytinyağı

1. Deniz tarakları donmuşsa, çözün. Tarakları durulayın; kuru. Kenara koymak.

2. Sos için küçük bir tencerede domatesleri, ½ su bardağı zeytinyağını, limon suyunu, fesleğeni ve frenk soğanı birleştirin. kenara koymak.

3. 1 çorba kaşığı zeytinyağını büyük bir tavada orta-yüksek ateşte ısıtın. tarak ekleyin; 4 ila 5 dakika veya kızarana ve opak olana kadar pişirin. Pişirmenin yarısında bir kez çevirin.

4. Salata için filizleri bir kaseye koyun. Filizlerin üzerine limon dilimleri sıkın ve üzerlerine biraz zeytinyağı gezdirin. Bir kibrit atın.

5. Sosu kısık ateşte ısıtın. pişirmeyin. Servis yapmak için tabağın ortasına biraz sos koyun; Üstüne 3 tarak yerleştirin. Bir filiz salatası ile servis yapın.

*İpucu: Domatesleri kolayca soymak için, onları 30 saniye ila 1 dakika veya kabukları ayrılmaya başlayana kadar kaynar suya bırakın. Domatesleri kaynar sudan çıkarın ve pişirme işlemini durdurmak için hemen bir kase buzlu suya daldırın. Domatesler yeterince soğuduğunda kabuğunu soyun.

REZENE VE ARPACIK SOĞAN ILE KIMYONDA PIŞMIŞ KARNABAHAR

HAZIRLIK:15 dakika pişirin: 25 dakika yapın: 4 porsiyonFOTOĞRAF

BUNDA ÖZELLIKLE ÇEKICI BIR ŞEY VARKAVRULMUŞ KARNABAHAR VE KIMYONUN KAVRULMUŞ, DÜNYEVI TADI KOMBINASYONU HAKKINDA. BU YEMEK, KURUTULMUŞ KUŞ ÜZÜMÜNDEN EK BIR TATLILIK UNSURUNA SAHIPTIR. İSTERSENIZ, KIMYON VE KIRMIZI KUŞ ÜZÜMÜ ILE BIRLIKTE ¼ ILA ½ ÇAY KAŞIĞI EZILMIŞ KIRMIZI BIBER ILE 2. ADIMDA BIRAZ ISI EKLEYEBILIRSINIZ.

3 yemek kaşığı rafine edilmemiş hindistancevizi yağı
1 orta boy karnabahar, çiçeklerine ayrılmış (4 ila 5 bardak)
2 baş rezene, kabaca doğranmış
1½ su bardağı donmuş inci soğan, çözülmüş ve süzülmüş
¼ su bardağı kuru üzüm
2 çay kaşığı öğütülmüş kimyon
Kıyılmış taze dereotu (isteğe bağlı)

1. Hindistan cevizi yağını çok büyük bir tavada orta-yüksek ateşte ısıtın. Karnabahar, rezene ve arpacık soğanı ekleyin. Örtün ve ara sıra karıştırarak 15 dakika pişirin.

2. Isıyı orta-düşük seviyeye düşürün. Tavaya kuş üzümü ve kimyon ekleyin; Yaklaşık 10 dakika veya karnabahar ve rezene yumuşak ve altın rengi

kahverengi olana kadar üstü açık olarak pişirin.
İsterseniz dereotu ile süsleyin.

SPAGETTI KABAĞI ILE GEVREK DOMATES VE PATLICAN SOSU

HAZIRLIK:30 dakika pişirin: 50 dakika soğutun: 10 dakika pişirin: 10 dakika pişirin: 4 porsiyon

BU KABA BAĞLILIĞI TERSINE ÇEVIRMEK KOLAYDIRANA YEMEK IÇIN. PATATES EZICI ILE HAFIFÇE EZDIKTEN SONRA PATLICAN-DOMATES KARIŞIMINA YAKLAŞIK 1 POUND PIŞMIŞ KIYMA VEYA BIZON EKLEYIN.

1 2- ila 2½ kiloluk spagetti kabağı
2 yemek kaşığı zeytinyağı
1 su bardağı doğranmış, soyulmuş patlıcan
¾ bardak doğranmış soğan
1 küçük kırmızı biber, doğranmış (½ fincan)
4 diş sarımsak, doğranmış
4 orta boy kırmızı olgun domates, istenirse soyulmuş ve kabaca doğranmış (yaklaşık 2 bardak)
½ su bardağı rendelenmiş taze fesleğen

1. Fırını 375°F'ye ısıtın. Daha küçük bir fırın tepsisini pişirme kağıdı ile kaplayın. Spagettiyi çapraz olarak ikiye kesin. Tohumları ve ipleri büyük bir kaşıkla kazıyın. Kabak yarımlarını hazırlanan fırın tepsisine yüzü aşağı bakacak şekilde yerleştirin. 50 ila 60 dakika veya kabak yumuşayana kadar üstü açık olarak pişirin. Bir tel raf üzerinde yaklaşık 10 dakika soğumaya bırakın.

2. Zeytinyağını büyük bir tavada orta-yüksek ateşte ısıtın. Soğan, patlıcan ve biber ekleyin; Ara sıra karıştırarak 5 ila 7 dakika veya sebzeler yumuşayana kadar pişirin. Sarımsak ekleyin; pişirin ve 30 saniye daha karıştırın. domates ekleyin; Ara sıra karıştırarak 3 ila 5 dakika veya domatesler yumuşayana kadar pişirin. Karışımı patates ezici ile hafifçe ezin. Fesleğenin yarısını karıştırın. Örtün ve 2 dakika pişirin.

3. Kabak yarımlarını tutmak için bir eldiven veya havlu kullanın. Bir çatal kullanarak kabak püresini orta boy bir kaseye kazıyın. Kabağı dört servis tabağına paylaştırın. Sosla eşit şekilde kaplayın. Kalan fesleğeni serpin.

DOLDURULMUŞ PORTOBELLO MANTAR

HAZIRLIK:35 dakika pişirin: 20 dakika pişirin: 7 dakika pişirin: 4 porsiyon

EN TAZE PORTOBELLAYI ALMAK IÇIN,SAPLARI HALA SAĞLAM OLAN MANTARLARI ARAYIN. SOLUNGAÇLAR NEMLI GÖRÜNMELIDIR, ANCAK ISLAK VEYA SIYAH OLMAMALIDIR VE ARALARINDA IYI BIR BOŞLUK BIRAKILMALIDIR. HER TÜRLÜ MANTARI PIŞIRMEYE HAZIRLAMAK IÇIN HAFIF NEMLI BIR KAĞIT HAVLUYLA SILIN. MANTARLARI ASLA SUYA BATIRMAYIN VEYA BATIRMAYIN - ÇOK EMICIDIRLER VE PELTEMSI VE ISLAK HALE GELIRLER.

4 büyük portobello mantarı (toplam yaklaşık 1 pound)
¼ su bardağı zeytinyağı
1 yemek kaşığı tütsülenmiş baharat (bkz.yemek tarifi)
2 yemek kaşığı zeytinyağı
½ bardak kıyılmış arpacık
1 yemek kaşığı kıyılmış sarımsak
1 pound İsviçre pazı, saplı ve doğranmış (yaklaşık 10 bardak)
2 çay kaşığı Akdeniz baharatı (bkz.yemek tarifi)
½ su bardağı kıyılmış turp

1. Fırını 400°F'ye ısıtın. Mantarların saplarını çıkarın ve 2. adım için ayırın. Kapaklardan solungaçları sıyırmak için bir kaşığın ucunu kullanın. solungaçları atın. Mantar kapaklarını 3 litrelik dikdörtgen bir fırın tepsisine yerleştirin. Mantarların her iki tarafını da ¼ su bardağı zeytinyağı ile kaplayın. Mantar kapaklarını

sapları yukarı bakacak şekilde çevirin. Füme baharat serpin. Fırın tepsisini folyo ile kaplayın. Yaklaşık 20 dakika veya yumuşayana kadar üzeri kapalı olarak pişirin.

2. Bu arada, saklanan mantar saplarını doğrayın; kenara koymak. Pazı hazırlamak için yapraklardan kalın kaburgaları çıkarın ve atın. Pazı yapraklarını kabaca doğrayın.

3. 2 yemek kaşığı zeytinyağını çok büyük bir tavada orta-yüksek ateşte ısıtın. Arpacık soğanı ve sarımsak ekleyin; kaynatın ve 30 saniye karıştırın. Doğranmış mantar saplarını, doğranmış İsviçre pazısını ve Akdeniz baharatlarını ekleyin. 6 ila 8 dakika veya pazı yumuşayana kadar ara sıra karıştırarak pişirin.

4. Pazı karışımını petrollerin kapaklarının üzerine yayın. Kalan sıvı ile doldurulmuş mantarları güveçte gezdirin. Üzerine doğranmış turp serpin.

KIZARMIŞ TURP

HAZIRLIK:20 dakika pişirin: 15 dakika yapın: 4 porsiyon

ÇOĞU ZAMAN, TURP YENIRYEŞILLIK KARIŞIMI ARASINDA HOŞ BIR ACILIK IÇIN SALATANIN BIR PARÇASI OLARAK - ANCAK TEK BAŞINA VEYA IZGARADA DA KIZARTILABILIR. TURPTA HAFIF BIR ACILIK VARDIR, ANCAK AŞIRI GÜÇLÜ OLMASINI ISTEMEZSINIZ. YAPRAKLARI TAZE VE CANLI GÖRÜNEN, SOLMAYAN DAHA KÜÇÜK BAŞLARI ARAYIN. KESIK UÇ BIRAZ KAHVERENGI OLABILIR, ANCAK ÇOĞUNLUKLA BEYAZ OLMALIDIR. BU TARIFTE, BALZAMIK SIRKE SIÇRAMASI, SERVIS YAPMADAN ÖNCE BIR MIKTAR TATLILIK KATAR.

2 büyük baş turp

¼ su bardağı zeytinyağı

1 çay kaşığı Akdeniz baharatı (bkz.yemek tarifi)

¼ fincan balzamik sirke

1. Fırını 400°F'ye ısıtın. Radicchio'yu dörde bölün ve kemiğin bir kısmını bağlı bırakın (8 takozunuz olmalıdır). Turp dilimlerinin kesik taraflarını zeytinyağı ile fırçalayın. Takozları yüzü aşağı bakacak şekilde fırın tepsisine yerleştirin. Akdeniz baharatları serpin.

2. Yaklaşık 15 dakika veya turp soluncaya kadar, yarı yolda bir kez çevirerek kızartın. Turpları servis tabağına dizin. Balzamik sirke ile gezdirin; hemen servis yapın.

www.ingramcontent.com/pod-product-compliance
Lightning Source LLC
Chambersburg PA
CBHW070421120526
44590CB00014B/1486